英语教学理论探索与实践研究

李丰华 著

吉林摄影出版社

·长春·

图书在版编目（CIP）数据

英语教学理论探索与实践研究/李丰华著. --长春：吉林摄影出版社，2022.11

ISBN 978-7-5498-5601-5

Ⅰ. ①英… Ⅱ. ①李… Ⅲ. ①英语－教学研究 Ⅳ. ①H319.3

中国版本图书馆 CIP 数据核字（2022）第 217870 号

英语教学理论探索与实践研究

YINGYU JIAOXUE LILUN TANSUO YU SHIJIAN YANJIU

著　　者：李丰华
出 版 人：车　强
责任编辑：岳青霞　罗　晗
封面设计：刘　华
开　　本：787mm×1092mm　1/16
字　　数：176 千字
印　　张：9.75
版　　次：2023 年 11 月第 1 版
印　　次：2023 年 11 月第 1 次印刷

出　　版：吉林摄影出版社
发　　行：吉林摄影出版社
地　　址：长春市净月高新技术产业开发区福祉大路 5788 号
邮编：130118
电　　话：总编办：0431－81629821
发行科：0431－81629829
印　　刷：北京市兴怀印刷厂

ISBN 978-7-5498-5601-5　　**定　　价**：48.00 元

前 言

现阶段，随着全球经济文化一体化的加速，中外交流日益频繁，英语作为全球应用最广泛的一种语言，越来越凸显出其重要的交际作用。目前，高校的英语教学已经不再是单纯的学习英语，更多的是开始与其他学科或者领域相结合，专业英语教学已经成为当前高校英语教育的主流。高校英语教学的培养目标，是使学生具有应用英语的专业能力，在具体的教学实践中，更侧重于学生在英语方面听、说、读、写等能力的提升，因而，促进高校英语教学效果的提升，开展具有针对性的专业英语教学非常重要。而当前高校英语教学中常见的局限是对英语知识的讲解偏于理论化，教材编写也重视对学生传授理论知识，严重忽视了实践教学的价值，忽视了对学生英语实践能力的提升。在现有教学模式中，教师往往忽视对英语学习环境、氛围的营造，导致学生缺少运用英语的情境，难以实现学以致用。

英语教学是一个循序渐进、学习内容系统化的连续过程。它应遵循教学目标渐进化、学习内容系统化的规律。在教学中要把丰富学生的精神世界，促进其心理发展，与增强学生体质结合起来，要注意学生的生理、心理与智力技能的和谐发展，提高学生的整体素质。英语课首先是一种技能培养型的课程，要把语言作为一种交际的工具来教、来学、来使用，而不是把教会学生一套语法规则和零碎的词语用法作为语言教学的最终目标，要使学生能用所学的语言与人交流，获取信息。在教学过程中，教、学、用三个方面构成一个有机的相辅相成的统一体，其中的核心在于使用。因此，教师需转变以往陈旧的教学观念，认清课程的性质，是落实交际性原则首先需要解决的问题。

本书《英语教学理论与实践研究》共有四章，针对现阶段高校英语教学中广泛运用并取得一定成效的主要理论和实践经验进行了梳理、分析和总结。第一章从高校英语教学理论入手，阐述了大学英语教育教学的理论基础、教学模式及理论构建。对大学英语教学的语言认识及语言教学的探讨，使我们再认识了语言的特征，语言研究和学习理论，明确了大学英语语言教学的四个基本内容，即听、说、读、写。第二章对英语语言教学听、说、读、写四个基本内容展开了深入、细致的理论探索和实践研究。第三章结合高校英语教学的具体实际和发展趋势进行论述。第四章对高校英语教学的未来发展进行了大胆设想和合理分析。

本书在撰写过程中，参阅了大量的文献资料，引用了诸多专家和学者的研究成果，在此表示最诚挚的感谢。由于水平有限，加上许多教学问题也在不断地研究探索中，书中难免存有疏漏和不妥之处，敬请广大读者批评指正。

作　者

2021 年 9 月

/目　录/

第一章　高校英语教学理论

第一节　大学英语教育教学理论基础

一、大学英语教学的基本关系

（一）英语与汉语之间的关系

1. 语音迁移

语音迁移是语言迁移中最为明显也是最为持久的现象。英语和汉语分属不同的语系，两者在语音方面存在很大的差异。第一，汉语是一种声调语言，用四声辨别不同的意义。第二，英语和汉语的音素体系差别较大，两种语言中几乎没有发音完全一样的音素。

2. 词汇迁移

初学英语的人很容易认为英汉语的词汇存在着——对应的关系，每个汉语词汇都可以在英语中找到相应的单词。其实，一个单词在另一种语言中的对应词可以有几种不同的意义，因为他们的语义场不相吻合，呈现重叠、交叉和空缺等形式。初学英语的人往往会把汉语的搭配习惯错误地移植到英语之中，于是出现了许多不合乎英语表达习惯的句子。除少量的科技术语、专有名词在两种语言中意义相当之外，其他词汇的含义在两种语言中都或多或少存在着差异，这些差异都有可能导致负迁移现象的发生。

3. 句法迁移

句法就是组词造句的规则，也就是传统所说的语法。英汉两种语言在句法方面有一些相同之处，同时也存在着很大的差异。首先，汉语是一种分析性语言，没有严格意义上的形态变化，主要通过词序和虚词的使用来表达各种句法关系。汉语重意合，其意义和逻辑关系往往通过词语和分句的意义表达。受此影响，中国学生在使用英语时常按照汉语的习惯仅将一连串的单句罗列在一起，不用或者很少使用连词。另外，英语和汉语在静态和动态方面也呈现出一定的差异。英语名词化的特点使许多中国学生感到不适应，在写作中这一点表现得最为突出。

与汉语和英语的关系这一问题相关的还有语言的社会功能问题。一个民族的母语是其民族的特征之一，母语教学对于培养学生的爱国主义情感具有重要的意义。

在处理汉语和英语的关系方面应该注意以下两个问题：

1. 在全社会重视英语教学的同时，绝不要忽视汉语的学习

经济的全球化和科学技术的国际化正在成为新的时代特征，英语作为国际交往中最为重要的交流与沟通的工具，其重要性已经为越来越多的人所认识。为了满足人们英语学习的需求，各种各样的教学方法，丰富多彩的学习用书、音像制品和软件也应运而生。不重视英语是错误的，但因为重视英语而忽视了对自己母语的学习也同样是不正确的。

2. 克服负向迁移，促进正向迁移

在对待汉语和英语之间的关系方面，有两种截然相反，但都不可取的态度。一种是依靠汉语来教授英语，这显然是不可取的。对于中国的英语学习者来说，汉语是我们的母语，学生在学习英语时会自觉或不自觉地与汉语进行比较，如果在教学过程中过多地采用汉语，学生就会很难摆脱对汉语的依赖，养成一种以汉语作“中介”的不良习惯，在听、说、读、写等语言活动中会不断地把听到的、读到的以及要表达的英语先转换成汉语，这样就很难流利地使用英语，也不可能写出或讲出地道的英语。另外一种是完全摆脱汉语，全部采用英语教学，这不仅难以做到，而且也是不可取的。对于两种语言中相似但是又不相同的内容，学生很容易受到汉语的干扰，教师在教学过程中要多加注意。

（二）外国文化与中国文化之间的关系

语言与文化密不可分，语言具有丰富的文化内涵，英语学习中有许多跨文化

交际的因素，这些因素在很大程度上影响英语的学习和使用。因此，《英语课程标准》把“文化意识”作为综合运用能力的一个组成部分，具体规定了各个级别对文化意识的具体要求。

文化是指所学语言国家的历史地理、风土人情、传统习俗、生活方式、文学艺术、行为规范、价值观念等。它不仅包括城市、组织、学校等物质的东西，而且包括思想、习惯、家庭模式、语言等非物质的东西。语言与文化具有密切的关系，这主要表现在三个方面：第一，语言是文化的重要组成部分。第二，语言是文化的载体，因此它也是反映文化的一面镜子。第三，语言与文化相互影响、相互作用。因此，理解语言必须了解文化，理解文化必须了解语言。

语言具有丰富的文化内涵，不具备文化内涵的语言基本上是不存在的。在一种语言中，从单词到语篇都可以体现文化的内涵。首先在单词的层面上，英汉两种语言具有很大的差异。还有些词只存在于英语中，在汉语中则没有相对应的词。另外在英汉两种语言中，某些词语看起来似乎指同一事物或概念，其实不然。对于某些词汇来说，英汉的基本意义大体相同，但是派生意义的区别可能很大。

英汉两种语言文化的差异也可以导致文化迁移现象的产生。文化迁移是“指由于文化差异而引起的文化干扰，它表现在跨文化交际中，或外语学习时，人们下意识地用自己的文化准则和价值观来指导自己的言语和思想，并以此为标准来判断他人的言行和思想”。文化的内涵分为三个层次：“第一个层次是物质文化，它是经过人的主观意志加工改造过的；第二个层次是制度文化，主要包括政治及经济制度、法律、文艺作品、人际关系、习惯行为等；第三个层次是心理层次，或称观念文化，包括人的价值观念、思维方式、审美情趣、道德情操等”。深层文化迁移是指第三层次中的文化要素的迁移，由于它属于心理层次，涉及人们的观念和思想，所以在跨文化交际中不容易被注意到。

与语言迁移类似，文化迁移也有正负迁移之区别。首先，教授和发现影响传递信息的各种文化因素必须以英语学习者的母语文化即汉语文化为比较对象，只有通过两种文化差异的比较才能找到影响交际的各种因素。其次，英语教学不仅仅是培养介绍和引进国外文化、知识、技术、科学等的人才，同时也担负着中国文化输出的任务。另外，充分掌握汉语与汉语文化也是英语学习和英语交际能力不可分割的重要组成部分。

（三）语言知识与语言技能之间的关系

语言知识包括语音、词汇、语法等三个方面的内容。语言知识是综合英语运用能力的有机组成部分，是发展语言技能的重要基础。使学生掌握一定的英语基础知识也是英语教学的基本目标之一。在英语中，语音和语法、构词法、拼写都有关系。很好地掌握语音，不但有利于听说技能的获得，而且也有助于语法和词汇的学习。

英语中的习惯用法又称习语，具有语义的统一性和结构的固定性两个特点。习惯用法是固定的词组，在语义上是一个不可分割的统一体，其整体意义往往不能从组成该用语的各个单词的意义中推测出来，词汇是构筑语言的材料，尽管具有大的词汇量并不意味着一定会具有高的语言能力，但是，要想具备较好的语言技能则必须要掌握足够的词汇。

语言技能指运用语言的能力，包括听、说、读、写四个方面，其中说和写被称为产出性技能，而读和听被称为接受性技能。听是分辨和理解话语的能力，即听是理解口语语言的含义；说是应用口语表达思想，输出信息的能力；读是辨认和理解书面语言，即辨认文字符号并将文字符号转换为有意义的信息输入的能力；写是运用书面语表达思想，输出信息的能力。听、说、读、写是学习和运用语言必备的四项基本语言技能，是学生进行交际的重要形式，是他们形成综合语言运用能力，获取信息和处理信息的重要基础和手段。

（四）教师与学生之间的关系

学生是学习的主体，英语教学要以学生为中心。教师的主要职责是引导和帮助学生学习英语，因此，教师要善于根据学生的生理和心理发展的特点认真研究教学方法，排除学生在学习上的心理障碍，调动学生学习的主动性和积极性。教师还要面向全体学生，因材施教，发挥不同学生的特长。

学习态度与动机是影响英语学习的重要情感因素，英语学习的成功在很大程度上依赖于强烈的动机和端正的态度。如果学习者对讲英语的人和英语教师产生反感，学习的动力也就自然消失，学习的成功也无从谈起。根据动机产生的根源，动机可以分为内在动机和外在动机。内在动机来自个人对所做事情本身的兴趣；外在动机是外部因素作用的结果，如父母的赞同、奖赏、惩罚、考试的高分等。内在动机和外在动机之间存在着相互影响的关系，教师在培养学生内在动机的同时，也要注意对学生外在动机的培养。态度指个人对事物或人的一种评价性反应。

认知方式是指人们组织、分析和回忆新的信息和经验的方式。就认知方式讲，英语学习者可以分为两种：场依存和场独立。测量场依存型时，让学习者观看一个复杂的图案，并找出隐藏在图案内部的几个简单的几何图形。目的是看他们是否能够把看到的东西分解成若干部分，并能使这些部分脱离整体。这种测验也适用于语言学习者，因为他们也要从上下文中把语言项目分离出来才能理解它们。场独立性学习者在外语结构知识方面学习起来更容易些。

二、大学英语教学的基本原则

（一）交际性原则

1. 充分认识英语课程的性质

英语课首先是一种技能培养型的课程，要把语言作为一种交际的工具来教、来学、来使用，而不是把教会学生一套语法规则和零碎的词语用法作为语言教学的最终目标，要使学生能用所学的语言与人交流，获取信息。

2. 创设情景，开展多种形式的丰富多彩的交际活动

语言是交际的工具，而交际的发生总是处于特定的情景之中。情景包括时间、地点、参与者、交际方式、谈论的题目等要素。在某一特定的情景中，讲话者所处的时间、地点以及本人的身份都制约他说话的内容、语气等。

3. 注意培养学生语言使用的得体性

英语教学的首要目标在于培养学生进行有效交际的能力，传统的英语教学只偏重语法结构的正确性，而根据交际性原则，学生要具备良好的交际能力，需要

能够在适当的时间、适当的地点，以适当的方式，向适当的人，讲适当的话。

4. 精讲多练

英语课堂的工作不外乎讲和练两种，前者是指讲授语言知识，后者是进行语言训练。在课堂上，适当讲授一些语言知识是必要的，可以提升学习的效果。在语言训练的过程中要针对学生的具体问题给以“画龙点睛”式的点拨。

5. 注重教学内容与教学活动的真实性，贴近学生的生活

语言与现实生活密切相关，教学活动的设计与教学内容的选择一定要考虑这一因素。在英语教学中，要把语言和学生所关心的话题结合起来，要给学生足够的、内容丰富的、题材广泛的、贴近学生生活的信息材料。

（二）兴趣性原则

1. 充分了解学生的生理与心理特点，尊重学生的主体性

学生是学习的主体，是整个学习过程的核心承载者。英语课程必须从学生的心理和生理特点出发，遵循语言学习规律，从改变学生的学习方式入手，通过听做、说唱、玩演、读写和视听等多种活动方式，达到培养兴趣、形成语感和提高交流能力的目的。

2. 防止过于强调死记硬背、机械操练的教学倾向

英语学习需要一定的死记硬背和机械操练的活动。过多的机械性操练很容易导致课堂教学的死板与乏味，容易使学生失去或者降低学习英语的兴趣。学生在获得交际能力的同时，综合素质也会得到相应的提高，学生的学习兴趣才会得到巩固与加强。

3. 挖掘教材，激情引趣

教材是英语教学的核心，教师要想最大限度地调动学生的积极性，就要在备课中认真研究教材，挖掘教材中的兴趣点，使每节课都有新鲜感，都有让学生感兴趣的内容和活动。

4. 善于发现学生的进步，多鼓励表扬，培养学生的自信心和成就感

对于学生来说，学习兴趣的保持在很大程度上取决于学习的效果，取决于他们能否获得成就感。

5. 注意发现和收集学生感兴趣的问题，把这些问题作为设计教学活动的素材

一节枯燥的数字课上得热闹非凡，笑声不断。还有的教师为了讲授英文字母，自己编排了英语字母体操。

6. 增强教师与学生之间的交流

一个班级的学生来自不同的家庭与环境，教师要平等地对待每一个学生，对学生充满爱心，通过各种形式与学生进行交流，真心地与学生交朋友，用自己对工作、对学生的热爱去影响学生，而且教师要活泼，富有幽默感，赢得学生的尊重与喜欢。好的情绪转到学习中就会变为一种兴趣和动力。教师在严格要求学生的同时，还要给学生创造一种和谐的学习氛围。

7. 改变传统的英语测试方式

应试教育是学习兴趣的最大杀手。基础英语课程的评价应以形成性评价为主，采用学生平时教学活动中常见的方式进行，重视学生的态度、参与的积极性、努力的程度、交流的能力以及合作的精神等。

8. 不要过分强调跳跳唱唱的作用

这一点主要是针对小学英语的现状而言的。小学英语教学要充分考虑儿童的心理特点，培养学生学习英语的兴趣，使学生能够在轻松活泼的气氛中学到英语。

（三）灵活性原则

1. 教学方法的灵活性

在英语教学史上曾经出现了许多种不同的教学方法和流派，例如语法翻译教学法、视听教学法、交际教学法等，每种方法都有其自身的优势与不足，教师应该兼收并蓄、集各家所长，切忌拘泥于某一种所谓流行的教学方法。英语教学包括语言知识和语言技能两个方面，语言知识包括语音、词汇、语法等内容，不同的语音、不同的词汇、不同的语法项目都具有不同的特点。语言技能包括听、说、读、写等四个方面，其中又包括许多微技能。而学习者的个体差异也是千差万别的。因此，在英语教学过程中要综合学生、教学内容以及教师自身的特点，

创造性地开展多种多样的教学活动，充分体现教学方法的多样性和创新性，使英语课堂新鲜有趣，从而激发学生学习英语的热情，挖掘学生的潜能。教学的内容也要体现多样性的原则，不光要教英语，还要教学习方法。

2. 学习的灵活性

教学方法和教学内容的灵活性可以有效地带动英语学习的灵活性。要努力改变以往单纯地死记硬背的机械性学习方法，帮助学生探索合乎英语语言学习规律和符合学生生理、心理特点的自主性学习模式，使学生能够自我导向、自我激励、自我监控；静态、动态结合，基本功操练与自由练习结合；单项和综合练习结合。

3. 语言使用的灵活性

英语学习的关键在于使用，教师要通过自身灵活地使用英语来带动影响学生使用英语。

（四）宽严结合的原则

所谓的宽与严是指如何对待学生在学习过程中所出现的语言错误，也就是如何处理准确和流利之间的关系。外语学习是一个漫长的内化过程，学生从开始只懂母语，一直到最后掌握一种新的语言系统，需要经过许多不同的阶段，从中介语的观点来看，在各个阶段，学生所使用的语言是一种过渡性语言；它既不是母语的翻译，也不是将来要学好的目标语。对于各种错误的分析，是第二语言习得研究的重要课题，因为通过对于这些错误的分析，可以发现学生的学习策略，其实这些策略也正是学生产生这些错误的原因。第一个原因就是迁移。

对待错误，有两种极端的做法是不可取的。一是把语言错误看得非常严重，“有错必纠”。这些人的理由是小学生正处在英语学习的初期，一定要学到正确的东西；如果对学生的语言错误听之任之，一旦养成习惯就很难改过来了。另一种极端的看法是对学生的语言错误视而不见。这些人的理由是熟能生巧，只要多说就能慢慢自我克服这些错误。

宽严结合的原则实际上就是要正确处理准确和流利之间的关系。“没有准确，流利就失去基础”这句话是对的，但是这种说法只是强调了准确的重要性，正确的态度应该是“既要强调准确性，又要重视流利程度”。越到高年级，越要强调准确性。

（五）输入输出原则

所谓输入是指学生通过听和读接触英语语言材料，所谓输出是指学生通过说和写来进行表达。心理语言学研究表明，输出建立在输入的基础之上；在此意义上，输入是第一性的，输出是第二性的。教师在教学过程中应该注意以下几点：

1. 尽可能多地让学生接触英语

要通过视、听和读等手段，多给学生可理解的语言输入，如声像材料的示范和贴近学生日常生活和学习、适合学生的英语水平、具有时代特色的读物等。

2. 输入内容和输入形式的多样化

学生接触的英语既要有声的、又要有图像的，还要有文字的，而且语言的题材和体裁以及内容要广泛，来源多样化。另外，我们还要注意根据上述语言输入的分类，尽可能地为学生提供多种形式的输入。

3. 首先强调学生的理解能力

只要学生能理解的，就可以让他们听，让他们读。从教学目标而言，对语言技能应该有全面的要求，但是从教学的方法来看，应该先输入，后输出。

4. 为学生提供的语言材料要符合学生的实际情况，要符合可理解性和趣味性与恰当性的要求

在增加可理解的语言输入的同时，在理解的基础上不断进行有效的实践活动。这些实践活动在基础英语教学中包括一定的模仿练习。学习语言的确需要模仿，问题的关键在于如何模仿和模仿什么。尤其是在结对练习、小组练习的时候，让他们根据实际的情况使用所学习的语言，学生才能把声音和语言的意义结合起来。

三、大学英语教学的目标

（一）帮助学生理解英语

学生的学习过程不是一个行为过程，而是一个心理过程，教学的中心仍然是学生。在这个过程中，学生是中心，是关键的参与者，而教师只是帮助者和使能

者，与第三种情况相同。但是，在此学生不是学会做事，而是要扩展他的思维活动，获得新的知识。知识纯粹是有关语言的特点和运作的知识。但掌握语言知识也可以称为懂英语。它既表示学习英语意味着学会有关语言的知识，也表示学会说这种语言。这两种解释实际上代表了两种不同的教学模式。从第一种模式的角度讲，学习知识可以只让学生理解和记忆即可，而不必要让学生去进行实际的操练和实践，其重点是心理活动。从第二种模式的角度讲，学生不仅要理解和记忆所学的知识，还要学会实际的语言运用技能，学会把所学的知识运用到实际语言交际中去。

（二）教师帮助学生学会英语

教师是使能者，可以采用各种各样的手段来帮助学生学习英语，例如，可使用各种各样的现代化技巧和设备来帮助学生学习。

教师首先考虑的是学生，而他们自己的角色就是指导和帮助学生。但现在我们没有考虑的是学生的任务是什么性质的，是什么样子的，只是想当然地认为学生如何学习，也就是说，对教学目标没有很好地进行限定。可以根据让学生自己学，由被动变主动来考虑学什么和达到什么目标的问题：这个教学过程的目标是使学生学会英语。

（三）给学生传授语言知识

“教师把英语授给学生”的教学过程在此被视为一个物质交流过程。教师通常要教给学生他们自认为是“好”的英语，如“标准英语”、“文学英语”等。在这种交流过程中，教师处于绝对控制地位，学生则完全处于被控制的地位。教学的重点是语言，实施者是教师，学生只是受益者，接近情境成分。教学的目标是教给学生自己认为是“好的”或者是“美的”英语，使学生学会标准的、高雅的英语。教师的快乐在于知道学生懂得了自己在课堂上所教授的内容并且欣赏自己的教学内容和课堂表演。

（四）训练学生的英语技能

从教学方式上讲，教师主要给学生大量训练，开展许多活动，学生是这些活动的参与者和训练对象。这种教学模式既相似于传统教学法中教师主导一切的模式，也相似于模式训练法的教学模式，学生只是被训练的对象，自己没有主动权，所以难以发挥学生的主观能动性。这是一种结构主义和行为主义的教学模式。教师不是主要使学生学习语言知识，而是获得语言技能。

（五）发展学生的意义潜势

教师仍然是一个使学生能够做某个事情（讲英语）的人，但他不仅仅是使学生能够做某个事情，而是使学生成为一个能讲目标语的人。这显然既包括使学生掌握有关语言的知识，也包括使学生掌握语言表达的能力，学会用所学的语言说话。

通过对以上几种教学模式进行比较分析可以发现，教学过程主要被看作一个物质过程，是一种活动，主要参与者是学生和教师。在这个过程中，教师所起的作用是不同的。他可以作为控制者和行为者，学生是目标，也就是说，学生只能被动地接受教师所传授给他的任何教师认为重要的东西；教师也可以作为训练者，做教练，让学生做一系列活动和动作，教师是指挥和指导者，学生是活动的进行者，是行为者。学生逐渐成为教学活动的主角和中心。这是现代语言教学理论和方法发展的趋势。

（六）跨文化交流能力的培养

培养学生的跨文化交流能力是英语教学的最高目标。一方面，它要求学生把目标语文化也就是英语文化与自身现有知识进行等值条件下的转换，另一方面，又要无条件地但又积极地理解、吸收与本国文化不同的信息。为了消除这种障碍，英语教学就必须强化文化教学，即在教学过程中，相应地进行英语语言文化教学。

第二节　大学英语教育教学模式及其理论构建

一、大学英语教学准备

（一）大学英语课程设置

1. 影响大学英语课程设置的相关因素

（1）教学性质和目标课程理论

设置合理、科学的大学英语课程，必须理解课程的含义，并进行课程分析和课程规划。从《大学英语教学大纲》到《大学英语课程教学要求》的发展遵循了课程理论发展的趋势——现代课程理论转向后现代课程理论。现代课程理论认为课程结构应遵循泰勒原理。这是一种基于行为科学的课程理论，它强调规划课程时应该遵循以下必要程序：(1) 目标分析——调查社会生活、学科知识和学习者以确定教育目标；(2) 开发研究——根据学校种类和不同学科的目标决定教育内容；(3) 推广研究——在学校教育中实施具体化的课程；(4) 评价研究——评价课程实施效果以检测课程的有效性并确定推广策略。这种线性的现代课程理论根植于经验主义、科技主义与实证主义的课程观，宗旨在于预测与控制课程规划。后现代课程理论认为课程是在满足社会种种需求的过程中生成的，是不确定的。后现代课程论以认知主义和建构主义为基础，强调课程的适应性、变化性和不确定性。每个学校新建立的大学英语课程体系应具有“适量”不确定性，这种不能预先决定的“适量”需要在教师、学生和社会需求之间不断协调。

(2) 教学资源

教学资源也是影响课程设置的重要因素。教师是教学资源的核心，是教学的具体实施者。高素质人才的培养离不开高素质的师资队伍，一支高素质的师资队伍和相应配套的软、硬件设备是课程设置的关键。大学英语课程设置应该能够充分调动教师的积极性，使每个教师都可以发挥自己的特长和专业，开设教师和学生双方都喜欢的课程，教师的潜力才能得以发挥。课程设置应在充分利用现代信息技术的同时，合理继承传统教学模式中的优秀部分，发挥传统课堂教学的优势。

(3) 课程评价

课程评价是大学英语课程教学的一个重要环节，全面、客观、科学、准确的评价体系对于实现教学目标至关重要。课程评价既是教师获取教学反馈信息、改进教学管理、保证教学质量的重要依据，又是学生调整学习策略、改进学习方法、提高学习效率和取得良好学习效果的有效手段。通过建立有效的课程评价体系，有利于在大学英语教学实践中形成积极、良性的信息反馈，为英语课程的设置提供现实的理论依据，从而保证课程设置能在最大限度上满足学生的学习需求，培养符合社会需求的英语人才。

2. 我国大学英语课程设置的现状

随着大学英语教学改革的推进，各校已在不同程度上对大学英语课程设置进行了改革。大学英语课程是我国较早建立的公共基础课程，教学内容的设计始终贯穿着大学英语课程改进的主线。根据“分层教学、分类指导、实施个性化教学”的现代教育思想，各高等院校按照《大学英语课程教学要求》和本校大学英语教学目标制定大学英语教学大纲，设计出具有本校特色的课程体系，初步完成了课程体系建设。

（二）大学英语课程教材的选择

1. 英语基础课程教学教材

大学英语基础教学阶段以培养学生语言应用能力为基本教学目标，教学内容以词汇、语法、篇章、语用为主。为避免语言文化脱离的语法教学，大学引进以功能——意念大纲为编写原则，丰富的跨文化交际语料为内容的国内优秀的大学英语教材。

2. 文化与跨文化交际类课程教材

此课程的教学目的是通过学习英美文化知识、跨文化交际知识和原理提高学生的跨文化交际能力。在教材选用方面，出于对语言难度、语言准确性和案例真实性的考虑，既选用了国内优秀教材，也引进国外的原版教材。

二、大学英语教学内容

（一）高校英语课堂教学普遍存在的问题

虽然大学英语课堂教学正逐步从以教师为主的传统教学过渡到以学生为主的交际教学上，但是，调查发现，大学英语课堂教学的现状仍不容乐观，依然存在一些值得关注的问题。

1. 大学英语教师教学刻板，缺乏创新精神

当今社会的发展，对大学英语教师提出了更高层次的要求。教师在传道授业解惑的过程中必须不断创新以满足社会和教育工作的需要。然而，传统的教学模

式和观念往往使大学英语教师故步自封，导致其在教学和科研方面毫无进展。

2. 填鸭式课堂模式单一枯燥

调查发现，一些大学英语课堂仍采用教师为主的教学模式，课堂教学犹如设定好的程序：讲课—记笔记，缺乏师生间的互动交流。这种课堂模式和传统的教学方法忽视了学生的能动性，更打击了学生英语学习的热情。结果便是，高校培养出许多“哑巴英语”学生，许多学生不能把所学应用到工作中，甚至需要参加培训班以增强英语运用技能，这无疑是教育资源的极大浪费。

3. 过于强调应试成绩，忽视语言技能的培养

基于目前严峻的就业形势，许多用人单位都要求毕业生有大学英语四级或六级证书，对英语专业的学生则要求有英语专业四级或八级证书。这种市场需求使得教师和学生把在等级考试中“拿高分”作为目标，以彰显自己的英语水平。这样急功近利的学习态度使得学校和老师在实际教学中做出倾斜，进一步忽视英语语言技能和语言素养的培养。

当然，大学英语课堂教学中存在的问题不止这些，还有其他许多需要解决的问题。诸如，学校硬件设施不完善，没有良好的英语学习环境，评价体系不合理等，这些都是英语教育教学环节中不可忽视的部分，希望今后有机会再进行更加细致深入的调查和讨论。

（二）高校英语的教学内容

传统的“填鸭式”，教学以教师为课堂主体，没有遵循学生的认知规律，没有调动学生的积极性和主动性，其教学效果往往事倍功半、收效甚微。因此，传统英语教学内容的改革迫在眉睫。

1. 转变教学理念，提高教师个人的素质

尽管大学英语课堂正在逐步改革，但仍有相当一部分教师尚未形成新的教育教学理念，且“教师的专业水平发展不平衡”差距较大。传统的填鸭式教学使英语课堂耗时多、收效低，而教师是课堂教学的关键。因此，大学英语教师应努力提高自身的专业水平和语言能力，综合运用多种教学方法和教学手段，以便能得心应手地使用教学语言。在提高教学能力的同时，还应积极研究吸收最新的国内

外科研成果和英语教学理论，不断更新观念充实自己，练就现代教学的基本功。只有提高自身素质，才能搞好语言教学。

2. 创造以“学生”为主体的课堂，提高学生积极性

目前，多数学生的英语阅读写作能力较强，但听说能力较弱，究其原因，主要是没有一个好的英语语言学习环境。在英语学习中，课堂所占比重较大，因此，课堂中听说环境的营造至关重要。这就要求大学英语教师以学生为中心进行教学设计，合理安排教学各个环节，积极进行英语听说训练，提高学生的英语综合能力。

例如，在课堂导入阶段，教师可以用与课文相关的几张图片，一段视频，一个话题，或几个问题引起学生的兴趣，进而鼓励他们对图片、视频、话题或问题进行讨论。讨论前要给出学生准备时间，让他们整理思路，组织语言，对于基础较差的学生，可以允许他们双语并用。长此以往，既能锻炼学生的口语表达，又能锻炼学生的思维能力。

口语训练还可以通过双人对话、小组讨论、自由演讲、事物描述、话题辩论等方式进行，听力训练可以通过边听边写、内容复述或听力答题等方式进行。不管采用何种方法，其主导思想是鼓励学生参与课堂，教师的作用是对学生进行启发式教学，对其表现进行实时反馈，在提高其能力的同时，使其更有信心，更热衷于运用英语，参与课堂。

3. 充分利用多媒体等教学资源

随着互联网时代的发展，各种技术和设备层出不穷，这给英语教学带来新的资源和挑战。各种各样的教学资源随处可见且内容丰富，这就要求教师认识掌握各种新技术，并找到合适的教学资源加以利用。例如，教师可以利用图片或视频形式的多媒体教学，或 Power Point，Flash 动画等形式的交互式教学资源。

三、大学英语教学评估

（一）大学英语教育评估体系的确立

随着社会的发展和国际交往范围及内容的不断拓展和深化，对我国英语人才的培养提出了更高的要求。大学英语教育的迅猛发展，大学英语教学和四、六级考试改革的大力推进，对英语人才的培养提出了严峻的挑战。我国英语专业招生

规模逐年扩大，而学生数量与教学质量之间的矛盾也使英语教学改革成为热点问题。

大学英语本科教育评估体系的确立是为了规范和检查全国高等学校英语的英语教学特别是英语教学大纲的执行情况。通过外语本科教学评估加强对全国高等院校外语教学工作的宏观管理与监控，促进大学自觉地加强外语学科建设、改善办学条件、强化教学管理、深化教学改革、全面提高外语专业教学质量。

（二）大学英语教育评估体系和英语教学大纲对课程的基本要求

大学英语教育评估体系是对高等学校英语教学大纲执行情况的监督。因此它的要求基本上与教学大纲是一致的。它所做的各项规定，对全国各类高等学校的英语专业均有指导作用，也是组织教学、编写教材和检查与评估教学质量的依据。

高等学校外语教学评估指标等级标准规定，学科定位符合学校整体发展规划和现有条件以及外语学科的基本规律，有明确的专业方向，专业建设规划遵循教学规律、符合学校实际情况、适应对外开放、社会发展和经济建设的需要，有明显的专业建设强项，优势突出。课程设置要符合本专业教学大纲的要求，部分主课被评为校级以上重点课程。课程设置要符合本专业教学大纲的要求，专业必修课和主要的专业选修课均能开全，基本无因人设课的现象。学生外语基本功要符合全国本专业教学大纲中规定的听、说、读、写、译等各项技能的要求，学生的外语专业知识能力较强。

（三）对英语课程的评估

对于形成性评估的实施现状，课题组主要借助英语精读课的总评成绩评定情况。问卷和访谈结果表明大部分接受调研的学校在精读课教学评估以终结性评估为主，形成性评估为辅，多数大学英语基础课期末考试的单项成绩占总评成绩的60%左右。教学评估方案往往由教研室或教研小组决定。教师访谈结果表明，期中考试和期末考试大多也是统一出卷，主要检测学生对课文知识点的掌握情况，仍然以传统的、题型为主，难以较好地体现学生英语应用能力。调研结果表明终结性评估和形成性评估结合的方式已经受到所有调研院校的认可，但是各校的终结性评估方式受到所在院校的团队建设和测试理念影响，学生和教师对形成性评估接受程度的差异说明了教学评估改革的关键在于教学团队和教师，英语专业教师和非英语专业教师对课程评估的不同话语权体现了教师个人信念对评估的影响。

（四）教学评估中存在的问题

2007年版《大学英语课程教学要求》从教学评估和教学管理两个方面进行大学英语质量监督和评价机制的建设。相比于1986年版《大学英语教学大纲（文理科本科用）》而言。具有一定的进步性，在两版课程要求中都提出了形成性评估和终结性评估的方式，并介绍了具体的手段和方法。但其对何种方式应该处于主导地位没有明确说明，而且学校一般仍然按照终结性评估为主导方式进行教学评估，对形成性的评估手段重视不够。

（五）大学英语教学评价展望

教学评价主要包括对教师的评价和对学生的评价。对于教师来讲，教学是一门艺术，教学的艺术性在于“教师遵循教学规律，针对教学对象，灵活运用教法，善于启发诱导，激励学生热情，创造性地组织教学过程，实现教学人物，从而取得最佳教学效果的一整套教学技巧的总和”。从学生的反应看教师的教学，学生参与教学的积极性如何，教师能否调动学生学习的主动性，学生上课有无提问以及学生能否完成作业，学生课下自学情况如何，教师是否安排预习，有没有明确目标、任务，学生能否跟上教师进度，教师是否重视培养学生的一般学习技能和技巧，教师是否善于组织学生独立钻研等。对教学方法的评价，教学方法是否促进学生的创新精神，教学方法有无相关性等。

第三节　大学英语教学的语言认识及语言教学

一、大学英语教学的语言认识

（一）对语言的认识

1. 语言的定义

首先，语言是一种系统。语言不是杂乱无章的，不是语言材料的任意堆砌，语言材料的任意堆砌不可能进行有效的交际，要有效地进行交际，就必须用有一定内在联系的一系列的规则来支配语言，这种有一定内在联系的一系列的规则就是一种系统。凡是系统都包括一系列既相对独立又以一定的方式互相联系的子项。系统由子项组成，又以一定的方式统摄、规约子项。在大的系统中，子项也是系统，作为系统的子项叫做子系统。无论是系统还是子系统，其内部各组成成分之间都有一定的内在联系，并受一定的规则的支配，而语言就是一个大的系统，它包括语音系统、词汇系统、语法系统、语用系统和文字系统等子系统。

其次，语言是一种音义结合体，语言在本质上是口头的。书面语言的产生远远落后于口头语言，它最初只是以文字形式对口头语言的记录。书面语言产生以后虽然也有自身的发展，逐渐形成了自己的特点，并且反过来反映口头语言，但是书面语言毕竟不能脱离口头语言。

语言表达要达到交际目的，就不但要讲究语言的正确性，而且要讲究语言的得体性。所谓语言的正确性，就是语言中的语音、语法结构等都符合语言规则；所谓语言的得体性，就是表达的内容和对语音形式、词、语法结构、应对方式等的选择都符合交际对象、交际目的和交际场合的特点。语言的正确性是由语言规则决定的，语言的得体性是由语用规则决定的。

（二）语言的特征

1. 语言的交际性

人类的交际工具不只是语言，旗语、电报代码、手势、体态等都可以在某种范围内作为人们的交际工具。语言服务的领域要广阔得多，生产领域、经济关系领域、政治领域、文化领域以及人们的社会生活、日常起居无所不包。在交际过程中它不仅能交流思想，还可以传达彼此的情感，虽然人们的手势、体态等各种伴随动作也能传达情感，甚至还可以脱离语言独立地完成某些交际任务，但它们毕竟是非语言的交际工具，所表达的意义非常有限。至于手指语，那是为了帮助失去说话、听读能力的人进行交际，人们按照正常人的语言设计的一套特殊的语言。

认识语言的交际性对英语教学具有重要的启示。首先英语教学的目的是培养学生为交际掌握运用英语的能力。语言是重要的交际工具，英语作为语言是重要的国际交际工具。在教材的编写、教学内容的安排上，也要考虑作为交际运用英语的总出发点。选择那些日常生活中常用的话题和话语以利于进行言语交际活动。

2. 语言的思维性

语言是思维活动的媒介和工具。思维活动是在语言基础上进行的，思维离不开语言。因此，英语教学也要养成使用英语进行思维和交流思想活动的能力。如果英语教学过程中不能养成使用英语理解和表达思想的能力，就难以掌握地道的英语和英语的精神实质。在用英语表达思想时，可以在头脑中用母语把思想描绘好，然后再译成英语来表达思想。在听英语时，就会先在头脑中把英语译成母语，方便理解。

3. 语言的有声性

有声性是语言外壳的有声实质。有声性是语言最本质的自然属性，音义结合是语言的起点和终点，音形义结合是语言的完美组合。人们之所以能感受和运用语言，是在于有了由口腔发出的语音作为物质外壳，是语言成为物质的、现实的、听得到、说得出、看得见、写得出的语言。

口语具有及时性、暂留性和临场性三个特点。及时性指讲话必须一句接一句，中间不允许有较长时间的停顿；暂留性指一句话讲出来，留在记忆里的时间很短，一般人听连续的语流，精确地留在记忆里大概不超过七八秒钟；临场性指演讲者通常会做出及时的反应，或欢声笑语，表示赞同；或摇头皱眉，表示反对；或兴趣盎然，情绪热烈；或表情冷漠，心不在焉等。另外，口语结构简单，常用省略式、简短式的语言。

4. 语言的任意性

第一，音义的结合是任意性的，即什么样的语音形式表达什么样的意义内容，什么样的意义内容用什么样的语音形式表现是任意的。世界上之所以有多达5500种语言，就是因为人类创造语言时在选择语音形式表达意义内容方面的不一致，因而形成了不同的语言：由于语言具有社会属性，不是自然的，语音形式和意义内容之间没有必然的本质的联系，完全是偶然的、不可解释的。第二，不同语言有不同的音义联系。第三，不同语言音义联系不对等，同样的语音形式，在不同的语言中可以代表不同的意义；而同样的意义，在不同的语言中可以用不同的语音形式表达。第四，同一语言的音义关系也有任意性，如汉语有众多的方言，同样的事物在各个方言中也有不同的读音。不同方言区之间，语言的音义联系也不是完全一致的，同一语言中不同方言的语音差别，也说明了音义联系是具有任意性的，不然，就不会存在什么方言差别了。

5. 语言的情感性

语言有表情达意的作用，有最完备的表情达意的功能。人们在发出分音节的有声语言时，常伴随着手势、眼神、脸部表情和身体动作等以加强表达感情的作用。语言交际活动是处于表情、动作等非语言工具的范围之中，所有这些表情动作的目的是加强有声语言和加深表达情感的印象。

非语言交际方式可分为三种类型：无声的动态、无声的静态和有声而无固定语义的伴随语言。无声的动态指用点头表示同意、肯定或加重语气和表示满意的情感。无声的静态可以表达语义和情感。人站着一动不动，表达呆若木鸡的语义和惊奇、悲哀、害怕、漠然等不同情感。伴随语言是一种有声的，但是非语言的，诸如各种笑声、哼哼声等：单就笑声就有哈哈大笑、傻笑、咯咯笑、捂着嘴笑、皮笑肉不笑、苦笑、甜蜜的笑、微笑、讥笑、冷笑、假笑、阴险的狞笑、谄媚的笑等。

（三）语言研究理论

1. 语言的内部研究

语言学是对语言的科学研究发展到今天，语言学的分支相当多，这也说明了语言学作为一个学科的成熟。语法学研究连词成句等制约语言行为的规则。一种语言的语法是该语言的语法规则的总和，而语法研究的对象是制约语言行为的规则。但是各研究者的出发点可以各不相同，大体上有下列各类：从研究方法看，有实证主义的语法和唯理主义的语法；从研究对象的时限看，有贯穿不同时期的历时语法和属于同一段时间的共时语法；从研究者的社会目的看，有规定性的语法和描写性的语法；从研究者的教育目的看，有供语言学研究的语法和教学用的语法；从所研究的语言范围看，有普遍语法和语别语法。

语用学研究语言符号和语境信息互动产生语用意是语言学不可分割的组成部分。人们对语用学产生兴趣。首先，结构主义语言学，特别是它的描写学派，力求把研究的范围仅仅局限在语言单位间的形式关系方面，有意地尽量不涉及意义，“把意义排除在外”。起初是一般地涉及，后来语义分析日趋详尽，这样，不仅在词汇领域，而且在句法领域，语义研究均跃居领先的地位。在转换生成语法的语义学理论中，语句是跟虚拟的、抽象的语言使用者发生联系的：而现实中运用语言的人及其感情、相互关系、意图和目的等则被排斥在分析之外。从 20 世纪 70 年代初期开始，“语用学”这一术语以及相关的概念便日益频繁地出现在不同学派语言学家的论著中。语用学的任务就在于揭示在特定场合下，说话者的言语条件是什么，说话的目的。

2. 语言的外部研究

心理语言学是研究语言活动中的心理过程的学科，它涉及人类个体如何掌握和运用语言系统，如何在实际交往中使语言系统发挥作用，以及为了掌握和运用这个系统应具有什么知识和能力。从信息加工的观点来看，心理语言学是研究个体言语交往中的编码和译码过程由于研究对象的特点，与许多学科有密切关系，除心理学和语言学外，还有信息论、人类学等，但在方法上，它主要采用实验心理学的方法。

社会语言学主要是指运用语言学和社会学等学科的理论和方法，从不同的社会科学的角度去研究语言的社会本质和差异的一门学科。对这个定义，有一些不同的理解。研究内容涉及 7 个方面：说话者的社会身份、听话者的身份、会话场景、社会方言的历时与共时研究、平民语言学、语言变异程度、社会语言学的应用。他的视角涉及语境、语言的历时与共时。他的重点放在“语言变异”，社会语言学本身也是以变异为立足点。

社会语言学现在已取得了一些明显的进展。语言学家对语言异质性认识加深，社会语言学又发展出交际民族志学、跨文化交际、交际语言学、语言社会化和语言习得、会话分析、语言变异研究等学派。

（四）语言学习理论

1. 学习语言和习得语言

近年来，对于人们如何成为语言运用者的研究主要集中在区别学习语言和习得语言这两个概念上，Krashen 认为习得与学习是两种不同的语言发展方式，它们在获得与贮存等方面存在着很大的差别，具体表现为：习得是在自然运用语言的过程中发生的，是一种潜意识的、直觉的过程；学习是在有意识地学习语言形式特征时发生的，是一个有意识的过程。习得的知识存贮在大脑左半球的语言区，它用于语言的自动加工；学习的知识本质上是一种元语言的知识，它也储存在大脑左半球，但不一定在语言区，它只能用于有意识的语言加工，习得的知识是语言理解和产生的基础；学习的知识只能起到监控的作用，即它只具有判断语言输出是否正确的监控价值。

2. 任务型学习

（1）任务型学习的重要性

许多教学方法研究者对语言输入的性质并不十分注重，而是强调学生参与的学习任务，他们一致认为学习语言不能脱离语境而获得，更不能专学一些语法知识，而只有通过更进一步的语言体验才能习得。也就是说没有必要正规地学习语法，而只要求学生自觉地运用目的语进行交流活动，学生之间交流得越多，就越善于运用语言。

任务型学习是双边或多边的交互式活动。在活动中所学语言是交际的工具广学生能够感到知识和技能在交际活动中的相互作用及其价值，因而会加强学生的自觉性和主动性。

（2）任务型教学的原则

①语境真实性原则

教学任务的设计要依据学生的心理需求，内容要尽量贴近学生的日常生活，这样，学生对自己所熟悉的东西就会有话可谈，就会乐于开口，并在这种真实自然的情境中来体会语言，因此，教师在课前要精心设计教学任务。

②可操作性原则

教师在设计教学任务时，所选内容应适合在课堂中操作。另外，还应考虑本校的实际教学环境，是否具备实施教学任务的教学设备。

③互动合作性原则

任务型教学是一种交际教学方法，强调师生、学生之间的相互交流。师生之间的互动是知识的双向交流，而不是知识的单向传授，教师不是“主演”。学生之间通过个人、小组、集体多种形式相结合，完成共同的任务，进行有明确分工的互动性学习。

（3）任务型教学的教学步骤

英语语言学家 Willis 提出任务型课堂教学的三大步骤：

①前任务（Pre—task）

教师在组织学生进行课堂任务之前先呈现任务，即介绍任务的要求和实施任务的具体步骤，也可借助多媒体，使任务呈现得更加明了，更加生动形象，也更能激发学生的兴趣，使之更加投入地参与活动。

②语言重点（Language—focus）

任务完成后，教师要围绕新知识点启发学生进行讨论，使其掌握新的语言点，并指导学生进行有意义的交际操练，进而达到学习语言并运用语言的目的，真正做到“活学活用”。

（4）任务型教学模式在英语教学中的运用

①阅读准备阶段

通过活动，激活学生头脑中已有的知识，为下面的阅读做好准备。这一步骤类似于我们经常说的导入，不同的是教师由过去的背景知识的介绍者，变为活动的组织者、任务的提出者，以及激活学生头脑中已有知识的帮助者和引导者。

②阅读理解阶段

这一步骤是由学生自主完成的，是一种个体完成的任务。教师的作用是对学生的阅读过程进行控制，以及对任务的完成情况进行评价。学生的阅读活动一般分两个步骤进行——速读和精读，教师通过阅读问题来引导学生有目的地完成速读和精读，并通过学生的回答来检测学生的阅读效果。

③语篇分析阶段

这里所指的语篇分析并非语法以及词汇的讲解，而是在教师的引导下，结合阅读材料的语篇内容和语篇结构，指导学生整体把握、深入理解语篇，并建立相应图式。这一环节的活动多为小组活动，通过学生合作画课文的结构图来帮助学生建立清晰的关于课文的图式。

④课文巩固深入阶段

这一环节容易与我们过去所说的操练相混淆，不同的是，练习强调的是语言的形式，无现实意义；而任务型课堂中为了巩固所学知识进行的活动侧重语言的意义，且具有现实场景。

⑤课文学习的延伸阶段

学生阅读的目的是获取信息，也是为更广阔的交流提供保障。而在课堂上为学生提供一个进行更广阔交流的机会和环境，可以使学生产生进一步阅读相关内容的兴趣。在全班范围内交流，大家共同分享成果。

（五）人本主义语言学习理论

1. 对传统英语教学法的挑战

（1）以教师为中心的英语教学法违背了英语学习的基本规律性，很难达到培养学生听、说、读、写、译各项技能的目的。英语是一种语言，语言是人们进行沟通的工具。它跟其他人类沟通一样是一种技能。因此，外语学习的首要任务是“学”，而不是“教”；学生的首要任务是“练”，而不是“背”。

（2）以教师为中心的英语教学法抹杀了学生英语学习的主观能动性，进而压抑了学生学习英语的兴趣。在这样的教学模式中，学生的任务就是“背书”，学习——这一人生第一乐趣变得十分枯燥无味。

（3）以教师为中心的英语教学法往往无法让学生掌握英语的真谛。传统教学法只是把英语当作一门知识来传授，学生所得的语言真谛通常就是依英语语法将一个个单词组成句子，再由这样的句子组成语言，讲出来就是一席报告，写出来就成一篇文章，这样语法加词汇学英语培养出来的学生，讲出来的话，写出来的文章往往不是原本的英语，而是语法式的英语。

2.“以学生为本”英语教学法的指导思想和教学原则

“以学生为中心”的英语教学法的指导思想是：英语教学活动要以学生为中心，以满足学生在知识上、感情上、智力上、能力上提高的需求为目标，充分调动学生在英语学习全过程中的积极性和主观能动性，在不断语言实践中提高学生掌握和应用英语这一沟通工具的能力和熟练程度。在以学生为中心的英语教学环节中学生处于第一位置，教师处于次要位置。实施“以学生为中心”的英语教学法之教学工作重点是如何最大限度地发挥学生在学习过程中的主动性。在“以学生为中心”的英语教学法中，教师仍应充分发挥其在教与学环节中的主导作用。教师在整个教学过程中应充分调动学生的积极性，有效地组织起“以学生为中心”的生动活泼的课堂教学活动，及时发现他们的困难，为学生排忧解难，成为他们学习的引路人。

3.“以学生为本”英语教学法的具体实施

（1）英语口语课教学的实施

“以学生为中心”的口语课堂，应该成为学生用英语来表演的舞台，成为学生用英语“谈天”“辩论”的场所，这就需要教师充分利用教材的各项口语教学内容，来引导学生开口，英语教材中所设计的训练题材丰富、内容广泛，而我们的学生虽然大多处于兴奋想开口的心理状态，但又不知如何开口，羞于开口。这时需要教师采用轻松、多样的教学组织方式来营造轻松、愉快、和谐的课堂气氛，使学生融入谈天说地的舞台中。

（2）英语精读课教学的实施

在英语学习的过程中，应该是学生学习语言，而不应该仅仅是教师讲授语法。因此，教师在引导学生进行精读教学时，仍然要坚持“以学生为中心”的基本原则，保证让学生成为积极主动的知识吸收者，而不是被动消极的语言录音机。传统的课文阅读活动是靠教师的讲授来完成的。现在，教师可以引导学生带着发现问题的任务在一定时间内读完课文，并自行讲解所发现的语法点、语言点。在阅读理解课上，要给学生提供充分的运用语言技能的场所和机会，才能使学生更好地完成围绕主题文章所设计的课后练习，使他们体验到积极参与语言阅读活动的乐趣。

二、大学英语教育教学中的语言教学

（一）英语阅读教学综述

语言教学始于中世纪末的英国，但是外语教学的真正开始应该从十八世纪算起，所采用的方法是语法翻译教学法。因此，阅读教学一直伴随着外语教学的始终。语法翻译教学法以书面语为教学材料，主要通过词汇的学习、语法的掌握、句子结构的分析以及翻译活动来培养学生的阅读能力，这对后来的英语教学产生了深远的影响。在20世纪60年代中期以前，指导外语阅读教学的理论主要来源于传统的语文教学。这种理论认为，通常外语阅读在弄懂词汇的基础上就自然达到了理解的目的。这种理论片面强调词汇在阅读理解中的作用，忽视了阅读过程中其他因素的作用，从而使读者拘泥于词句的理解，被动地参与阅读教学。

将认知理论系统地应用于阅读理论的研究之中，为读者提供一种获得某种含义的途径。读者最终能否理解，首先取决于读者的认知结构。改善读者的背景知识就能改善读者的理解能力，背景知识同语言知识同等重要，二者相辅相成，与阅读过程密切相关，是不可分割的两个方面。自此之后，阅读理论的研究不断深入，并开始重视阅读的心理机制以及受这种心理机制影响的信息传递和信息处理过程，并通过对阅读行为的分析展示阅读能力的构成成分。研究结果显示，阅读过程并不是简单的信息传递和读者被动接受信息的过程，而是读者不停地对视觉信息进行解码、加工和处理的过程，涉及读者的预测机制、认知能力和语篇分析能力。理论研究者提出了各种阅读模式，用来解释阅读过程，如自下而上模式、自上而下模式、交互模式和图式理论等，这些阅读模式为阅读策略研究以及阅读教学提供了坚实的理论基础。

（二）阅读教学的理论基础

1. 语篇分析

（1）衔接。衔接是语篇特征的重要内容，它指通过语法和词汇手段把语篇中的句子或较大的语段的意义紧密联系的现象。

①参照。有些语言单位本身不能做出语义解释，需要参照另外的一些单位才能明确它们的意义，这些单位之间就构成参照的关系。从所使用的语言手段来看，参照包括人称、指示和比较三种方式。

②替代和省略。一个单位代替另一个单位，就构成替代关系。有些单位被省略，就出现省略关系。替代和省略除了加强语言的结构联系外，还可以使语言富

有变化，不枯燥，简洁活泼。

③连接。连接成分的衔接作用是间接的，它们本身不能直接影响上一句或者下一句的结构，但是它的具体意义表明必须有其他句子的存在。连接成分表达的是语义上的关系，而不是语法关系。

④词汇照应。词汇照应是指通过词汇的选择而产生的照应关系。词汇照应手段主要有重申和搭配两种。重申有重复、同义词或近义词、上下义词、概括词等四种形式。

(2) 连贯。连贯指的是语篇中的语义关联，连贯存在于语篇的底层，通过逻辑推理来达到语义的连接，是一个把语篇联系起来的无形网络。一个语篇往往有一个主题，其中的所有内容都是围绕这一主题展开的，从而通过语义的关联构成一个连贯的语篇。

(3) 语篇的结构。由于语篇的交际功能、语篇的主题和内容、文章的体裁、作者的风格等方面的差异，语篇的结构也多种多样，但是，同一类型的语篇也会呈现出基本相同的结构。较大的语篇通常都有开头、中间、结尾等部分。在一个语篇的内部，所有的句子都是以线性的方式依次排列起来的，但是句子之间都通过不同的关系结构连接起来。这些关系结构主要包括：顺序、层次、连环和平衡。

2. 语篇理解的模式

(1) 自下而上模式

自下而上模式是一种传统的阅读理解理论，它起源于19世纪中期，采用信息加工的理论来阐述阅读的过程，是一种文本驱动型的模式。根据这个模式，理解一个语篇，读者必须首先具备一些低级或简单的语言知识。受自下而上的阅读模式的影响，传统的阅读教学主要按照词、句子，然后再到语篇的次序，按照由低到高、由简到繁的线性信息处理过程进行。教师的主要任务就是帮助学生解决语言知识的问题。

(2) 自上而下模式

自上而下的模式是在20世纪60年代后期，在认知心理学的影响下而发展起来的阅读理论。首先，读者预测语篇中的语法结构，运用他们的语言知识和语义概念，从语篇结构中获取意义，因此，语篇必须含有意义并且使用功能健全的语言表达。随后，读者从书面符号中抽样以证实他们试探性的预测。读者在阅读时不断地从三种可利用的信息中抽样——字形读音、语法和语义。字形读音信息取自书面符号，语法语义信息则要靠读者的语言能力。在抽样的过程中，读者不必看清每一个字母与单词。

自上而下的模式有很多不同的变化，从总体而言，它们的特点可以归纳为以下几点：认为阅读是一种主动在读物中寻找意义的思考过程；强调读者已掌握的知识与技能在理解中的作用；认为阅读是有目的性与选择性的，读者只专注于实现他们目的而必不可少的方面；认为阅读有预见性，已掌握知识与对理解的期望以及阅读目的之间相互作用，使读者能预见读物的内容。

（3）交互模式

图式理论认为“阅读图式”可以分为语言图式、内容图式和形式图式三种。语言图式是读者掌握的语言知识以及运用语言的能力，指读者已有的语言知识，即语音、词汇和语法等方面的知识。一般说来，读者的背景知识越丰富，就能将越多的注意力集中在高级阶段的信息处理和提出假设上，从而更好地理解文章。充足的背景知识甚至可以对较低的语言水平产生一种补偿效应，也就是说，背景知识可以在一定程度上弥补语言水平的不足，以保证顺利阅读文章。形式图式指读者对语篇结构的熟悉程度，即我们通常所说的语篇知识。

图式的类型多种多样，每个人的大脑中都储存有许许多多的图式。面对具体问题的时候，这个图式发挥作用以解决问题。当文章所提供的信息与读者的心理图式不吻合时，自下而上的材料驱动将发挥作用，帮助读者利用已有的知识，选择合理的解释。同时，这两种运作的相互补充作用对于读者的阅读理解有非常重要的意义。在阅读教学中应引导学生充分运用已有的图式知识去吸收掌握新的内容，充实、丰富其图式结构，这有助于提高学生的理解能力和阅读速度。

3. 阅读速度与理解率

阅读教学的目的首先在于培养学生的阅读能力，而衡量阅读能力的基本标准包括阅读速度和理解的准确率。以英语作为本族语的读者通常根据阅读目的、阅读材料的难度以及自己所熟悉的背景知识，以三种速度进行阅读。第一种速度为学习速度，这是用来阅读教科书和法律文件等材料的慢速阅读。第二种速度为中等速度，这是受过教育的本族语读者用来阅读报纸、杂志、小说及故事等日常材料所用的速度。第三种速度为略读速度，这是本族语读者快速浏览所读材料，对理解不作要求时所用的最快速度。

（三）大学英语听力教学

1. 英语听力教学综述

人们对于听力教学态度的转变在很大程度上是因为输入输出假说。该假说认为第二语言习得有赖于大量的语言输入信息，即可理解的输入。也就是说，没有足够的语言输入，学习者是不可能有语言输出的。在自下而上的处理模式中，听是一个线性的数据处理过程，理解的程度取决于听者是否成功地对所听到的口语材料进行解码。与此同时，会话分析以及语篇分析的研究成果也对听力教学产生了一定的影响，通过这些研究，人们对口语语篇的结构具有了一定的了解，意识到单靠把书面语篇朗读出来不能给学生提供合适的听力材料，听力教学中必须向学习者提供适合他们需要和水平的真实的口语材料，真实性因此成为选择听力材料的一个重要标准。

2. 英语听力教学的理论基础

(1) 听的心理过程

在听、说、读、写四项技能中，听被称为“接受性技能”，但是这并不意味着听就是一个被动接受的过程，实际上听是一个非常主动的、积极的信息处理过程。心理语言学的研究表明，听的过程与人的记忆具有密切的关系。外部信息经过感觉器官时，按输入的原样，保持一个极短的时间，这就是感知记忆。短时记忆又称工作记忆。是指信息一次呈现后，保持时间在一秒钟之内的记忆。短时记忆与感知记忆不同，感知记忆中的信息不被意识，而且是未被加工的，而短时记忆是操作性的、正在工作的、活动着的记忆。短时记忆中的信息既有来自感知记忆的，也有来自长时记忆的。因为当人们需要某些知识、规则时，便从长时记忆中提取，提取出的信息只有回溯到短时记忆，才能被意识到和备用。

听的心理过程具有三个主要特点：①听是一个积极的过程。在听的过程中，听者并不是被动地接收信息，而是通过积极参与调动大脑中的已有的语言知识和背景知识进行积极主动的识别、分析和综合，来理解说话者所传达的信息和意图。②听是一个创造性的过程。意义并不是现成的存在于语言材料之中的，不同的听话者对于同一个单词或句子可能会有不同的理解。③听是一个互动的过程。作为语言交际的一个重要方面，听力理解涉及说话者和听话者双方。从某种意义上讲，听力理解是交际双方在相互作用中磋商意义的过程。特别是在面对面的语言交际中，说话者可以通过听话者的面部表情和身势语来判断听话者是否理解自己的意义，并以此来调整自己的语言。

（2）影响听力的因素

①语言本身的因素

扎实的语音知识是听力理解的基础。在英语中，有些语音对于中国学生来说是比较陌生而且是难以区分的，尤其是某些元音。在某些辅音簇中的某个辅音也往往会被省略或同化掉。当然，口语的理解并不完全依赖于对于相似的语音的区分，在许多情况下，上下文的意义可以提供足够的信息帮助听者辨别语音。

掌握足够数量的可感知的词汇是听力的基础。对于外语学习者来说，遇到生词往往会导致他们突然停下来考虑生词的意义，从而导致听者错过其他的内容。词汇量的不足有时还表现在学习者词义的掌握过于狭窄，对一词多义不太清楚，这种情况很容易导致听者的误解。

②语言背景知识

语言背景知识对于听者正确地获取信息也是极为重要的。根据图式理论，听的过程就是听者利用大脑中储存的文化背景知识对新的信息进行加工整理的过程。听者需要对所获得信息进行分析、选择、整理，从而获取新的知识。在听的过程中，听者会根据这一图式以及所听到的内容对先前的预测进行验证并补充其中的部分细节。新的信息越多，处理的负担越重。也就是说，听者已知的信息越多，听起来的难度就越小。

③分析综合能力

听是一种接受性的语言技能，在听力训练的过程中，听者无法控制所听到的材料的难度、速度、语调和节奏。这些客观因素有可能会对听者造成一定的心理压力。而且，在听力课上，学生的心理活动容易处于一种抑制的状态，思维变得迟钝，不容易发挥学生的主动性和积极性，课堂气氛也比较沉闷。

(3) 会话含义

会话含义就是我们通常所说的“言外之意”。在交际中，只有正确捕捉这些言外之意才能真正理解说话者的意图。因此，理解会话含义是听力教学的重要组成部分。对于会话含义的产生，美国哲学家Grice进行了大量的研究，认为会话受到一定条件的制约，参与会话的人要朝着一个共同的目标，互相配合。

3. 英语听力课堂教学

(1) 听力策略的培养

听力策略是加强听力理解和回忆所听内容的技巧或者活动。听力策略可根据处理信息输入的不同方法来分类，主要包括自上而下和自下而上两种方法。自上而下的方法以听者为出发点，听者应了解话题所涉及的背景、上下文内容，文章的类型和语言。他们能够确定在特定的语言环境中使用哪种听力策略最为有效，能够检查他们的听力理解是否准确，所选择的技巧是否有效，并且通过是否达到了听力理解的目标，是否在听的过程中选择了有效的听力技巧来评估他们的听力行为。

(2) 英语听力教学的阶段

英语听力教学可以分为三个不同的阶段：听前阶段、听中阶段和听后阶段。在听前阶段，教师需要确定以下几个问题：所听材料的大体内容和听的目的；是否需要补充一些背景知识或语言知识；采用何种方法进行听力训练，是自上而下的方法还是自下而上的方法。这些活动目的在于帮助学生激活相关的背景知识、预测将要听到的内容、解决可能碰到的语言问题以及背景知识的问题等，以便使学生尽快进入听的状态。

听后阶段是指学生在完成听的过程之后围绕听力材料进行各种活动的一段时

间。有些听后活动是听前与听中活动的延伸，与前面的活动密切相关，还有一部分活动与前面活动的关系则比较松散。

（3）听力考试应对策略

英语听力和口译能力的提高不是一朝一夕的事，而是一个循序渐进的过程，是一个艰难而漫长的过程，不能一蹴而就。要多听多练，拓宽渠道，扩大知识面，加强基本功训练。在学习中注意听力技巧的培养和运用，只有掌握了听力技巧，并将其付诸实践，听的能力才会有质的飞跃。

（四）大学英语写作教学

1．英语写作教学的理论基础

（1）写作的特殊性

写和说都属于产出型的技能，但是两者之间也不能对等。首先会用英语说不一定就会写，因为写作并非简单地将我们说的话落在纸上，学生写作能力的提高不能通过其他语言能力的提高而自然而然地获得。第二，从语言神经生理基础来看，写作也有别于其他的语言技能。写作教学因而要求有自己独特的活动形式。第三，从写作的过程来看，写作具有自身的特点。在语言的四项技能之中，说和写属于产出型技能，而听和读则属于接受型技能。写作只能借助文字和符号来表达思想，没有面部表情、手势、身体动作以及语音方面的辅助，也没有即时的反馈。

（2）写作的过程

表达主义者把写作视为“与写作结果同样重要的是发现真正自我的创造性活动”，因此写作教学应该个性化，教学活动要帮助学生发现自我，真正地表达自己的内心情感与思想。根据认知主义的思想，过程教学法重在开发学生内在的心理过程，尤其是写作过程中的认知与元认知策略，其教学包括创造和写前准备、撰写草稿、修改、合作写作、反馈、反馈后的修改和定稿等阶段。

写作是一个作者与读者之间的交际过程，其中涉及信息的产生、处理和传递，是一个复杂的感知过程。要在写作过程中完成上述交际过程有两个关键因素，一方面要给学生充足的时间进行构思，另一方面要从读者那里获得信息反馈，以便进行修改，使内容和形式臻于完善。

（3）母语与二语或者外语写作

母语思维是二语习得过程中的常见现象，母语思维在二语或者外语写作中的作用也引起了研究者的注意。用外语写作文，特别在外语学习的初级阶段，似乎无法避免以母语为中介，许多人认为用母语思维会干扰外语学习的进步。国内的有关研究者也对此进行了一定的研究，研究结果表明，汉语思维对于英语写作具有很大的影响。

2. 英语写作教学方法

（1）结果教学法

早期的英语写作教学理论主要来自于经典的修辞学研究。直到 20 世纪 60 年代，英语写作教学的注意力一直集中在文学作品的理解与分析上面，其目的在于通过这些分析使学生掌握各种文体的特征和写作方法，从而能够模仿并写出自己的作品。这种写作教学方法被称为结果教学法。结果教学法的一般过程为，教师首先就某一修辞手段进行解释，然后要求学生阅读一个作品，接着教师会根据前面解释的修辞手段和阅读的作品给学生指定写作作业。结果教学法被用于第二语言或者外语写作的教学之中，其重点也在写作成品上，强调语言的正确性、作文的结构和质量。

（2）过程教学法

写作的过程教学法开始于 20 世纪 60 年代美国的第一语言教学，它是在发生认识论、信息论、控制论以及各种语言理论和教学法的影响之下所形成的一种写作教学方法。在理论上，过程教学法强调思维在写作活动中的重要意义，强调作者的主体意识和能动作用。而在实践上，它改变了以往的写作教学片面强调语法结构、修辞手法和机械模仿的倾向，把实际交际能力和智能的培养放到首位，因而它强调的是写作过程，提倡学习者的合作。

在认知理论的影响下，过程教学法把写作看成是一个发现、适应、同化的认知过程，因而强调学生要独立思考、收集材料、组织材料，对材料加以内化，并从中发现规律、掌握原理。只有这样，学生才能够创造性地运用语言知识，写出好的文章。

第二章　高校英语教育教学中的语言教学

第一节　高校英语阅读教学

一、英语阅读教学综述

语言教学始于中世纪末的英国，但是外语教学的真正开始应该从 18 世纪算起，所采用的方法是语法翻译教学法。因此，阅读教学一直伴随着外语教学的始终。语法翻译教学法以书面语为教学材料，主要通过词汇的学习、语法的掌握、句子结构的分析以及翻译活动来培养学生的阅读能力，这对后来的英语教学产生了深远的影响。在语法翻译教学法之后又出现了直接教学法和听说教学法，但是这两种教学方法主要强调口语能力的培养，并没有给阅读教学带来实质性的变化。

20 世纪 70 年代，交际教学法的出现为阅读教学带来了很大的变化。教学材料不再局限于一些经典名篇，而是更加强调材料的多样性、真实性和实用性。交际教学法认为，英语教学的目的在于培养学生的交际能力。因此，阅读教学应该使用人们日常生活中的阅读材料，如报刊文章、火车时刻表、广告、电影院海报等。阅读教学也开始以阅读过程研究以及语篇分析等相关领域的成果为指导，强调学习者应主动参与教学过程。

将认知理论系统地应用于阅读理论的研究之中，为读者提供一种获得某种含义的途径。读者最终能否理解，首先取决于读者的认知结构。所谓认知结构指的是读者的背景知识状况，也就是读者对文本所涉及的知识的了解程度。读者不具备相关的背景知识，就无法读懂文本。背景知识不够充分，就会造成理解上的困难，而背景知识同输入信息的错误结合会导致误解。改善读者的背景知识就能改善读者的理解能力，背景知识同语言知识同等重要，二者相辅相成，是阅读过程中密切相关，不可分割的两个方面。自此之后，阅读理论的研究不断深入，并开始重视阅读的心理机制以及受这种心理机制影响的信息传递和信息处理过程，并通过对阅读行为的分析展示阅读能力的构成成分。研究结果显示，阅读过程并不是简单的信息传递和读者被动接受信息的过程，而是读者不停地对视觉信息进行解码、加工和处理的过程，涉及读者的预测机制、认知能力和语篇分析能力。理论研究者提出了各种阅读模式，用来解释阅读过程，如自下而上模式、自上而下模式、交互模式和图式理论等，这些阅读模式为阅读策略研究以及阅读教学提供了坚实的理论基础。

经过长期的研究与教学实践，人们对阅读教学达成以下的共识：阅读是一个发生在读者和文本之间的交互过程。阅读是一个有目的的活动，人们为了获取信息、娱乐消遣等不同的目的而阅读，阅读的目的决定读者对阅读材料的选择。人们在阅读中需要利用各种知识、技能和策略，主要包括：语言能力，辨认书写系统的各个构成要素的能力，包括词汇和语法知识；语篇能力，关于语篇标记词以及它们把语篇的不同部分联合起来构成连贯语篇的知识；社会语言学能力，关于不同文本的结构和内容的知识；策略能力和利用各种阅读策略理解文本的能力；阅读教学要给学生提供不同文体的真实语言材料，并通过阅读实践获得阅读所需的知识、技能与策略；阅读教学要与知识的摄取相结合。

二、阅读教学的理论基础

阅读是通过人的视觉感官从书面语言材料中获取知识信息的过程，其目的是有效、正确、快速地理解所读的材料。从心理语言学的角度来看，阅读是由发送者向接受者传递信息的一种交际行为。这里所说的发送者是指作者及所形成的书面语言材料，而接受者则指阅读这些材料的读者。从大脑活动和语言学习的关系来看，是人们读者用于处理文字信号和获取新知识的一种工具。阅读从识别单词、领悟句意到理解篇章、摄取知识，实际上就是一种提出问题、解决问题的排疑解难的心理思维过程。因此，阅读教学的理论基础涉及语篇的结构、阅读的心理过程以及由此而得出的影响阅读的各种因素。

（一）语篇分析

篇章语言学是二十世纪五十年代才发展起来的一门科学。语篇分析是指对比句子更大的语言单位所作的语言分析，目的在于解释人们如何构造和理解各种连贯的语篇。

1. 衔接

衔接是语篇特征的重要内容，它指通过语法和词汇手段把语篇中的句子或较大的语段的意义紧密联系的现象。英语语篇中主要的衔接手段包括参照、替代、省略、连接和词汇照应。

（1）参照。有些语言单位本身不能做出语义解释，需要参照另外的一些单位才能明确它们的意义，这些单位之间就构成参照的关系。从所使用的语言手段来看，参照包括人称、指示和比较三种方式。从语言和非语言因素去分析，参照包括情景参照和语境参照两种。用语言内部的信息可以解释其含义的是语境参照。必须依靠话语所处的客观环境去解释的叫情景参照。

（2）替代和省略。一个单位代替另一个单位，就构成替代关系。有些单位被省略，就出现省略关系。替代和省略除了加强语言的结构联系外，还可以使语言富有变化，不枯燥，简洁活泼。

（3）连接。连接成分的衔接作用是间接的，它们本身不能直接影响上一句或者下一句的结构，但是它的具体意义表明必须有其他句子的存在。连接成分表达的是语义上的关系，而不是语法关系。

（4）词汇照应。词汇照应是指通过词汇的选择而产生的照应关系。词汇照应手段主要有重申和搭配两种。重申有重复、同义词或近义词、上下义词、概括词等四种形式。

2. 连贯。连贯指的是语篇中的语义关联，连贯存在于语篇的底层，通过逻辑推理来达到语义的连接，是一个把语篇联系起来的无形网络。一个语篇往往有一个主题，其中的所有内容都是围绕这一主题展开的，从而通过语义的关联构成一个连贯的语篇。

3．语篇的结构。由于语篇的交际功能、语篇的主题和内容、文章的体裁、作者的风格等方面的差异，语篇的结构也多种多样，但是，同一类型的语篇也会呈现出基本相同的结构。较大的语篇通常都有开头、中间、结尾等部分。例如，故事的开头往往对时间、地点、人物等作出交代，中间部分主要描述故事的发展，结尾部分一般要描述人物和事件的结局或者给人的启示。议论性的语篇开头一般提出问题，说明该文要议论的主题，中间部分则对开头所提出的问题进行分析，对论点加以论证，结尾部分则提出解决问题的办法或者得出结论。书信的开头是称呼，中间是正文，结尾则是结束语和落款。在一个语篇的内部，所有的句子都是以线性的方式依次排列起来的，但是句子之间都通过不同的关系结构连接起来。这些关系结构主要包括：顺序、层次、连环和平衡。

（二）语篇理解的模式

篇章阅读研究最早开始于 Barnett 在 1932 年采用实验心理学方法对篇章阅读与记忆的研究。在此之后大约四十年间，更多的阅读研究都是教育心理学家为课堂教学的应用而开展的，他们研究的主要目标不是对篇章理解实质的探索，研究者也缺乏一个清晰的理论模型来支持研究和指明方向。直到 20 世纪 60 年代末，在信息加工主流思想的引导下，现代认知心理学的迅猛发展大大地激发了研究者对篇章阅读领域的兴趣，他们对语篇理解的过程进行了大量的研究，并提出了各种语篇理解的模式。Barnett 把这些模式分为三种类型：自下而上模式、自上而下模式和互动模式。

1．自下而上模式

自下而上模式是一种传统的阅读理解理论，它起源于 19 世纪中期，采用信息加工的理论来阐述阅读的过程，是一种文本驱动型的模式。即从看到的书写文字符号到理解文字意义的整个过程，从低级的小单位字母加工发展到高级的词、句子乃至语义的加工过程。这个模式认为，阅读是从字词的解码开始直到获取文本的意义，即阅读过程是一个从左向右对字母、词、句子、语篇的有组织的、有层次性的自下而上的理解过程。根据这个模式，理解一个语篇，读者必须首先具备一些低级或简单的语言知识。由此可见，自下而上模式强调的是语篇本身的作用，阅读过程中遇到的问题就是语言问题，学生理解的失败主要是由于缺乏足够的语言知识：受自下而上的阅读模式的影响，传统的阅读教学主要按照词、句子，然后再到语篇的次序，按照由低到高、由简到繁的线性信息处理过程进行。教师的主要任务就是帮助学生解决语言知识的问题。

自下而上的模式说明了信息加工中的线性模式对阅读研究的影响，但没能说明阅读过程中各种信息之间的相互作用，只是局限在字、词、句这样的线性理解层面上，忽视了读者可能会从语篇以外的其他地方，如读者已有的知识中提取有关信息并对它进行加工这一情况。虽然语篇是以层次结构的形式把信息呈现给读者的，但读者可以直接在任何水平上提取并对已有的知识进行加工，以补充或者预测来自文章的信息流。字母在词中出现要比单独出现更容易察觉，词在有意义的句子或语篇中出现要比单独出现时更容易识别，不管句子的句法如何复杂，深层语义关系贯通一致的句子要比语义关系混乱的句子容易整合。它把低层次过程与高层次过程截然分开，没有意识到读者可能带进阅读过程中的高层次知识的作用。

2. 自上而下模式

自上而下的模式是在认知心理学的影响下而发展起来的阅读理论。Goodman提出了著名的“阅读是一种心理语言学上的猜字游戏”的理论，认为读者利用已有的句法和语义知识来减少他们对语篇中书面符号与语音符号的依赖，并具体划分出阅读的四个过程：预测、抽样、验证和修正。首先，读者预测语篇中的语法结构，运用他们的语言知识和语义概念，从语篇结构中获取意义，因此，语篇必须含有意义并且使用功能健全的语言表达。随后，读者从书面符号中抽样以证实他们试探性的预测。读者在阅读时不断地从三种可利用的信息中抽样：字形读音、语法和语义。字形读音信息取自书面符号，语法语义信息则要靠读者的语言能力。在抽样的过程中，读者不必看清每一个字母与单词。换言之，读者只选择读物中能证实他的预测的线索。读者的句法、语义知识层次越高，他们抽样的选择性便越强。抽样后如果预测的意义被证实，读者将对随之而来的内容进行新的猜测，如果他提取的样品不产生意义，或者预测的书写符号输入没有出现，则需要从读物中提取更多的信息，以修正错误的预测。

所谓概念能力是指读者能否将阅读时输入的零碎信息迅速汇集成概念的能力；所谓背景知识是指读者的常识和有关某一领域或话题的知识；而处理策略指的是阅读能力的各方面，既包括句法、语义及篇章结构的知识，也包括各种阅读技能如“略读”和“查读”等。在阅读中，三者互相作用，让逻辑思维能力和背景知识来赋予文字以意义。“从上而下”模式认为读者不是被动地接受文字信息，而是依靠读者本身因素主动地理解读物，因此，自上而下模式是一种读者驱动型的阅读模式。

自上而下的模式有很多不同的变化，从总体而言，它们的特点可以归纳为以下几点：认为阅读是一种主动在读物中寻找意义的思考过程；强调读者已掌握的知识与技能在理解中的作用；认为阅读是有目的性与选择性的，读者只专注于实现他们目的而必不可少的方面；认为阅读有预见性，已掌握知识与对理解的期望以及阅读目的之间相互作用，使读者能预见读物的内容。

3. 交互模式

20世纪80年代中期，认知模式遭到质疑，认知论者在强调背景知识上走向了极端。阅读的“互动模式”被学者提出，“互动模式”认为阅读是同时运用各个层次的信息加工来重构信息的过程，即不仅是一个运用背景知识而且也是一个运用语言知识、辨认语言形式的双向过程。互动模式包括各种各样的理论，其中图式理论是影响最大也是最著名的一种。心理学家Bartlett在1932年最先提出图式理论。就其理论来源来看，现代图式理论与格式塔心理学有密切的联系。图式理论曾经为认知心理学的发展提供了广阔的视角，但被随后兴起的行为主义所掩盖。到七十年代，图式理论又引起了人工智能研究者的极大兴趣。到七十年代后期，图式理论被广泛地用于阅读理论的研究之中。图式是人们对于物体、事件或者情形等一般性概念的抽象表征。例如，我们每个人对house的概念都有一个抽象的表征，这一表征可以因为人们加上不同的修饰词，如enormous或者

squalid 而发生变化。另外，个人的不同经历以及文化的差异也会造成人们对于同一概念的抽象表征的不同。当图式代表一种情形时，人的大脑中与此情形有关的一系列事件或者事件的系列顺序。Schank 和 Abelson 把这种现象称为“剧本”。例如，“就餐”这一情形的一般剧本包括：预订座位、乘车、到达餐馆、就座、点菜、就餐、结账、离开等。

图式理论认为“阅读图式”可以分为语言图式，内容图式和形式图式三种。语言图式是读者掌握的语言知识以及运用语言的能力，指读者已有的语言知识，即语音、词汇和语法等方面的知识。内容图式指读者对语篇内容的熟悉程度，即狭义的背景知识。它由两个方面的内容构成关于某种文化或亚文化的生活方式、社会制度等方面的知识。一般说来，读者的背景知识越丰富，就能将越多的注意力集中在高级阶段的信息处理和提出假设上，从而更好地理解文章。充足的背景知识甚至可以对较低的语言水平产生一种补偿效应，也就是说，背景知识可以在一定程度上弥补语言水平的不足，以保证顺利阅读文章。形式图式指读者对语篇结构的熟悉程度，即我们通常所说的语篇知识。有研究表明，以时间顺序为结构的叙述文和单向性结构的描述文比其他结构顺序的课文更容易记忆。这说明对文章结构的了解确实能增加读者对文章内容的吸收。还有人发现以一般到具体结构的论说文比具体到一般结构的论说文更易于理解。

在认知过程中，图式的主要作用用来说明人的理解过程。人的理解过程实质上是一种释义过程。“释义”时需要个体已有的图式中相关知识的参与，通过分析、推理、对照、综合等心理过程，来运用和贯通知识，从而解决问题。具体到阅读活动来说，图式理论认为，阅读对象即文章本身不具有任何意义。意义蕴藏在读者的脑海里，取决于读者阅读过程中对大脑中相关的图式知识的启动情况。我们说一个读者读了一篇文章，说明读者具备与该文章相关的图式，并且这个图式提供了与该文章的各个方面一致的解释说明。阅读理解就是选择和激发能够说明输入信息的图式与变量约束的过程，就是说，阅读理解首先是输入一定的信息，然后在记忆中寻找能够说明这些信息的图式，当找到足以说明这些信息的图式或者是将某些图式具体化以后，就产生了理解。在理解过程中，加工的层次是循环递进的，随着阅读行为的不断进行，更高层次的图式被激活，理解的循环就走向更高的水平，产生对句子的理解以及对语段与篇章的理解。

图式的类型多种多样，每个人的大脑中都储存有许许多多的图式。面对具体问题的时候，这个图式发挥作用来解决问题。认知心理学认为，图式的启动存在着两种情况，一种是自上而下，一种是自下而上。概念驱动是一种预期驱动，就是说，顶层的图式知识可以用来对读物进行预测。例如，一篇文章或一本书的题目，从表面上看只不过是几个字，但它从心理上唤起了一系列关于该文或该书所述主题的图式知识，从而激活了一系列低层次的图式。而低层次的图式活动又可以引起高层次的图式反应，因为这些较低层次的图式是较高层次图式的一部分，这种自下而上的启动又称为材料驱动，是一个由部分到整体的过程。自上而下和自下而上的启动并不是彼此孤立，毫不相干的。相反，这两种启动方式往往是在各层次同时发生并相互补充的。当文章的信息与读者的图式知识相吻合时，自上而下的概念驱动可促进两者的同化。当文章所提供的信息与读者的心理图式不吻合时，自下而上的材料驱动将发挥作用，帮助读者利用已有的知识，选择合理的解释。同时，这两种运作的相互补充作用对于读者的阅读理解有非常重要的意义。读者丰富的图式知识可以弥补其低层次的字面解码能力的不足。相反，若读者缺乏相应的图式知识，则可通过对字面的解码来获取意义，以丰富其图式知识。图式理论的研究证明，阅读活动是一个不断变化的动态过程，在这个过程中读者已有的图式不断得到补充、调整、修正或否定，从而使其阅读能力不断提高。在阅读教学中应引导学生充分运用已有的图式知识去吸收掌握新的内容，充实、丰富其图式结构，这有助于提高学生的理解能力和阅读速度。

（三）阅读速度与理解率

阅读教学的目的首先在于培养学生的阅读能力，而衡量阅读能力的基本标准包括阅读速度和理解的准确率。以英语作为本族语的读者通常根据阅读目的、阅读材料的难度以及自己所熟悉的背景知识，以三种速度进行阅读：第一种速度为学习速度，这是用来阅读教科书和法律文件等材料的慢速阅读。用这种速度阅读时，要求达到的理解率为 80％～90％。第二种速度为中等速度，这是受过教育的本族语读者用来阅读报纸、杂志、小说及故事等日常材料所用的速度。用这种速度阅读时，对理解的要求相应降低。第三种速度为扫读速度，这是本族语读者快速浏览所读材料，对理解不作要求时所用的最快速度，用这种速度阅读时，需要降低对于理解的要求。

从本族语人的阅读情况来看，阅读速度和理解率之间呈现一种负相关的关系，也就是说，速度越快，理解率就越低；但是在外语教学中，由于阅读目的的不同，而且学生的阅读速度也不会像本族语人的阅读那样，速度呈现如此大的变化，阅读速度与理解率之间的关系则不尽如此。相关研究表明，阅读理解率在一定范围内并不受阅读速度的限制。换言之，并不是阅读速度越慢阅读理解率就越高。其实，对于英语学习者来说，阅读速度和理解率之间存在着相互促进的关系，加深理解可以加快速度，而且加快速度也能加深理解。

回视也称回跳，是对于已经看过的内容感觉不放心，再度倒回来阅读的现象。总的来说，回视不能完全避免。即使阅读能力强的人，有时也会倒回来看。一方面，回视是读者的阅读水平所造成的，阅读水平越高，回视的次数也就越少。另一方面，某些回视则是由于缺乏自信，担心漏看的患得患失的心理所致。

从是否出声的角度来看，阅读可以分为朗读和默读两种形式的时候需要出声，但是有时候在默读时，读者虽未发出声音但嘴唇翕动，亦称唇读。另外，在无声音化阅读中，有的读者虽然没有发出声音，嘴唇也没动，但却在心里念着。不管哪种方式，发音器官都处于紧张的工作状态。心理学研究表明，这两种阅读的读速很难突破讲话速度。对中国英语学习者来说，声读或无声音化很可能是早期学习中，以音读为中心的学习法和精读中养成的阅读习惯对正常外语阅读产生的负迁移现象。这种习惯不仅有碍阅读速度，而且由于它过分依赖语言本身而不是语义，也影响阅读理解的广度与深度。

第二节　高校英语听力教学

一、英语听力教学综述

听力是生活中最常见而又最容易被语言教学所忽视的一项技能。在 20 世纪 70 年代之前，有关语言教学研究的文献中很少专门探讨听力教学的问题。而随着交际教学法的推广，人们开始意识到听力是人的语言水平的重要方面，听力教学逐步引起人们的重视。各种形式的考试都把听力作为考查的一个组成部分。从80年代开始，有关听力教学以及听力技能的研究逐渐增多。

人们对于听力教学态度的转变在很大程度上是因为输入输出假说。该假说认为第二语言习得有赖于大量的语言输入信息，即可理解的输入。也就是说，没有足够的语言输入，学习者是不可能有语言输出的。另外，在20世纪80和90年代，应用语言学的研究者开始从认知心理学中借鉴关于语言理解模式的各种新的理论，区分了“自下而上”和“自上而下”的两种处理模式，并从中意识到背景知识和图式在理解中的重要性。在自下而上的处理模式中，听是一个线性的数据处理过程，理解的程度取决于听者是否成功地对所听到的口语材料进行解码。与此同时，会话分析以及语篇分析的研究成果也对听力教学产生了一定的影响，通过这些研究，人们对口语语篇的结构具有了一定的了解，意识到单靠把书面语篇朗读出来不能给学生提供合适的听力材料，听力教学中必须向学习者提供适合他们需要和水平的真实的口语材料，真实性因此成为选择听力材料的一个重要标准。

目前，关于听力教学人们基本达成以下共识：听力材料应该包括独白和对话在内的选材广泛的真实的口语语篇；在听之前，应该首先使学生建立相应的图式；听力的策略要融合于听力的材料之中；要给学生几次听一个语篇的机会，使他们逐渐地形成自己的听力技能，并在每次听的时候逐渐加大听力任务的难度；听力活动要有目的性，学习者要清楚自己要获得什么样信息，为什么要获得这些信息；听力活动或者任务要给学生创造积极参与听的过程的机会。

二、英语听力教学的理论基础

（一）听的心理过程

在听、说、读、写四项技能中，听被称为“接受性技能”，但是这并不意味着听就是一个被动的接受过程，实际上听是一个非常主动的、积极的信息处理过程。心理语言学的研究表明，听的过程与人的记忆具有密切的关系，外部信息经过感觉器官时，按输入的原样，保持一个极短的时间，这就是感知记忆。感知记忆又被称为映像记忆或瞬时记忆，是指外部刺激以极短的时间一次呈现后，一定数量的信息在感觉通道内被迅速登记并保留一瞬间的记忆。感知记忆是信息加工的第一阶段。短时记忆又称工作记忆。是指信息一次呈现后，保持时间在一秒钟之内的记忆。短时记忆与感知记忆不同，感知记忆中的信息不被意识，而且是未被加工的，而短时记忆是操作性的、正在工作的、活动着的记忆。人们短时记忆某事物，是为了对该事物进行某种加工，加工后即被遗忘。如果有长期保持的必要，就必须在这一系统中进行加工编码，然后才能被储存到长时记忆中。短时记忆中的信息既有来自感知记忆的，也有来自长时记忆的。因为当人们需要某些知识、规则时，便从长时记忆中提取，提取出的信息只有回溯到短时记忆，才能被意识到和备用。他从信息加工的观点出发，认为倘若人在主观上对材料加以组织、再编码，记忆的容量还可以扩大。他提出了组块的概念。所谓组块是指将若干较小的单位联合成熟悉的、较大的单位的信息加工。他认为短时记忆容量不是以信息论中所采用的比特为单位，而是以组块为单位。一个块可以是一个数字、一个字母，也可以是一个单词、词组，还可以是一个短语。

长时记忆是指学习的材料，经过复习或复述之后，在头脑中长久保持的记忆。长时记忆是一个真正的信息库，记忆的容量似乎是无限的，它可以储存一个人关于世界的一切知识，并为他所有的活动提供必要的知识基础。信息由短时记忆转入长时记忆，需要对有关的信息进行组织加工。所谓组织加工就是将材料加以整合，把新的材料纳入已有的知识结构框架之中或者把材料作为合并单元而组合为某个新的知识框架。信息由短时记忆转入长时记忆时是如何被加工的，采用什么样的形式编码，在很大程度上依赖于材料本身的性质以及个人的个性特点。就语言材料而言，更多的是采用语义编码。

从系统论的观点来看，感知记忆、短时记忆和长时记忆是一个统一记忆系统中的三个不同的信息加工阶段，它们之间不是彼此孤立的，而是相互影响、相互作用又相互联系的。

根据记忆的三个阶段，听的心理过程也包含三个主要的阶段。在第一阶段，声音通过人的感觉器官进入感知记忆之中，并利用听话者已有的语言知识把这些信息转化为有意义的单位：信息在感知记忆中存储的时间很短，听者只有很少的时间对这些意义单位进行整理。在听母语时，这一过程一般都能顺利完成，而在听外语的过程中，当听者设法将连续的语流组织成有意义的单位时，很可能会出现问题。有时听者还可能在处理完现有信息之前，新的信息又会不断地涌入，从而导致听力理解的困难。在第二阶段，信息处理是在短时记忆中完成的，也是一个非常短暂的过程，不超过几秒钟。在这一阶段，听者会把所听到的词或词的组合与储存在长期记忆中的语言知识进行比较，把记忆中的信息进行重组、编码后，形成有意义的命题。听者要对连续性的语流进行切分，切分的主要线索是意义。意义体现在句法、语音、语义三个层面上。在获取意义之后，听者一般会忘掉具体的词汇。在这一阶段，处理速度是至关重要的。已有的信息必须在新的信息到来之前处理完成，这对于外语学习者来说，很容易造成处理系统的信息超载，一个初级的外语学习者往往会因为处理速度不够快而无法从信息中获取意义。随着学习者听力训练的不断增加以及语言知识的积累，对于一些经常听到的信息的处理会成为一种自动化的过程，从而留出更多的空间来处理难度较大或者不太熟悉的信息。在第三阶段，听者会把所获取的意义转移到长时记忆之中，并与已知信息相联系，确定命题的意义，当新输入的信息与已知信息相匹配时就产生理解。在这一阶段，当形成的命题与长时记忆中的已知信息相联系时，大脑便通过积极的思维活动去分析、合成、归纳，使其成为连贯的语言材料，从而实现意义的重构。

上述过程只是描述了听的过程中信息处理的大体步骤，而实际的过程要复杂得多，因为听的过程中的信息处理并不单纯依靠语言本身。听者必须把语言置于具体的语境之中，才能理解真正的意义。在听母语的过程中，听者会自动激活他们长期以来积累的文化知识、讲话人的背景等相关的信息，而且能够根据以往的经验在一定程度上预测下一步将要听到的内容。他们知道不同类型的人会以不同的方式表达不同的内容，在不同的场合以及讨论不同的问题时使用不同的语言风格。这些知识在上述三个阶段都会起作用。

由此我们可以看出，听的心理过程具有三个主要特点：

1. 听是一个积极的过程

在听的过程中，听者并不是被动地接收信息，而是通过积极地参与调动大脑中的已有的语言知识和背景知识进行积极主动的识别、分析和综合，来理解说话者所传达的信息和意图。

2. 听是一个创造性的过程

意义并不是现成的存在于语言材料之中的，不同的听话者对于同一个单词或句子可能会有不同的理解。在语言交际过程中，说话者为了语言表达的简洁性，不可能也没有必要把任何细节都表达出来。因此，在听力理解过程中，听话者需要根据语言材料所提供的线索以及自己的社会经历和背景知识创造性地建构意义。

3. 听是一个互动的过程

作为语言交际的一个重要方面，听力理解涉及说话者和听话者双方。从某种意义上讲，听力理解是交际双方在相互作用中磋商意义的过程，特别是在面对面的语言交际中，说话者可以通过听话者的面部表情和身势语来判断听话者是否理解自己的意义，并以此来调整自己的语言。同样，听话者可以用语言的或非语言的手段来表明自己是否理解了说话者的意义。

（二）影响听力的因素

由上述听的心理过程我们可以看出，影响听力的因素是多方面的，概括起来主要包括三种：语言本身的因素、语言背景知识、分析综合能力。

1. 语言本身的因素

语言本身的因素包括语音、词汇、句法等三个方面。听的过程首先是听者对于所听到的语音、词汇、句法的感知、识别与理解的过程，因此，听者对语言基础知识掌握得好坏直接影响着他们听力水平的高低。

首先，扎实的语音知识是听力理解的基础。在英语中，有些语音对于中国学生来说是比较陌生而且是难以区分的，尤其是某些元音。在某些辅音簇中的某个辅音也往往会被省略或同化掉。当然，口语的理解并不完全依赖于对于相似的语音的区分，在许多情况下，上下文的意义可以提供足够的信息帮助听者辨别语音。另外，在英语中，重音和语调也是非常重要的。语言的节奏在很大程度上是通过重读音节的变化来实现的。重读的目的在于表达主要信息的词汇，重读单词的改变往往可以在句子中单词没有任何改变的情况下，导致整个句子意义的变化。Underwood 所提供的实例就可以很好地说明这一点：

（1）讲话人站在门口，还没有看到 Johno

“Hi John！I’ m home. Where are you? What are you doing?”

（2）讲话人看到 John，而且正在朝他走去 John 正在做某件事情。

“John，I’ ve been looking for you. Oh，my goodness！What are you doing?”

（3）Alan 和 John 是两位银行职员，他们正在谈论度假的计划。

John：What are you planning，Alan? Anywhere nice?

Alan：We haven’ t decided yet. What about you? What are you doing?

掌握足够数量的可感知的词汇是听力的基础。对于外语学习者来说，遇到生词往往会导致他们突然停下来考虑生词的意义，从而导致听者错过其他的内容。词汇量的不足有时还表现在学习者词义的掌握过于狭窄，对一词多义不太清楚，这种情况很容易导致听者的误解。当然，生词并不一定总会造成听力的障碍，有时候听者可以根据上下文推断生词的意义，有时候由于生词在整个谈话中不太重要，错过这一单词也不至于导致句子的误解或者不理解。除了语音和词汇知识之外，听者还需要具备必要的句法知识，否则，即使听懂话语中的每一个单词，也会因为搞不清句子的语法层次关系而导致对句子的误解。

2. 语言背景知识

语言背景知识对于听者正确地获取信息也是极为重要的。根据图式理论，听的过程就是听者利用大脑中储存的文化背景知识对新的信息进行加工整理的过程。听者需要对所获得信息进行分析、选择、整理，从而获取新的知识。在听的过程中，听者会根据这一图式以及所听到的内容对先前的预测进行验证并补充其中的部分细节。在所听到的内容中，有许多信息是听者已经掌握的，加工整理的重点在于那些未知的新的信息。新的信息越多，处理的负担越重。也就是说，听者已知的信息越多，听起来的难度就越小。对于一个完全陌生的领域的听力材料，听者的困难是很大的。

3. 分析综合能力

分析综合能力主要体现在听的过程中对语篇的理解方面。G. Brown 指出，对语篇的理解涉及许多因素，在听力理解过程中，随着语篇的展开，听者需要根据语篇上下文并运用积极的认知策略来理解语篇所表达的意义。语篇是由一系列句子构成的，但句子的意义有时要受到语篇宏观结构的制约，对单个句子的理解并不能说明听话者已经理解了整个语篇。

听是一种接受性的语言技能，在听力训练的过程中，听者无法控制所听到的材料的难度、速度、语调和节奏。这些客观因素有可能会对听者造成一定的心理压力。而且，在听力课上，学生的心理活动容易处于一种抑制的状态，思维变得迟钝，不容易发挥学生的主动性和积极性，课堂气氛也比较沉闷。另外，一些学生遇到听不懂的单词和句子就变得过分焦虑，这会降低信息加工的有效性，加大听力活动的难度。

（三）会话含义

会话含义是语用学研究的重要问题，了解有关的理论知识对于听力教学具有重要意义。在实际的言语交际中，说话者的真实意义有时与所说话的字面意义不一致，会话含义就是指隐含在字面意义之内的说话者的真实意义。例如：

A：Where is Tom?

B：There is a new car outside John’s house.

从表面上看，B 好像并没有回答 A 的问题，但是，如果 A 知道 Tom 有一辆新车，那么 A 就不难从 B 的回答中推断出 Tom 很可能就在 John 的家里。

会话含义就是我们通常所说的“言外之意”，在交际中，只有正确捕捉这些言外之意才能真正理解说话者的意图。因此，理解会话含义是听力教学的重要组成部分。对于会话含义的产生，美国哲学家 Grice 进行了大量的研究，认为会话受到一定条件的制约，参与会话的人要朝着一个共同的目标，互相配合。Grice 把会话中需要人们共同遵守的原则称为“合作原则”，其中包括一系列的会话准则。量的准则：说的话应包含需要的信息内容，不多也不少；质的准则：说的话应该是真实的，不要说自己认为是假的话，也不要说缺乏足够证据的话；相关准则：说的话要与话题相关；方式准则：说话要清楚明白，要简练有条理，避免晦涩和歧义。

三、英语听力课堂教学

听力教学的目标是使学生能够恰当、灵活地使用各种听力技巧，最大限度地提高听力理解的能力。但是在真正的听的实践中，可能遇到各种困难。即便学生还不能够完全掌握所学的语法现象和大量的词汇，教师也期望学生能够应对真实的交际环境。这就意味着学生要能够尽量多地理解所听到的语音，分辨出相关的信息，了解主要内容而非逐字逐句地理解。多听可以得到更多的语音输入，而语音输入是语言习得的基础，是交际互动的必要条件之一。教师要培养学生根据不同的语境、输入的信息和目的来调整听的行为，帮助学生建立系统的听力策略，并使用适当的策略来应对不同的语境。

（一）听力策略的培养

听力策略是加强听力理解和回忆所听内容的技巧或者活动。听力策略可根据处理信息输入的不同方法来分类，主要包括自上而下和自下而上两种方法。自上而下的方法以听者为出发点，听者应了解话题所涉及的背景、上下文内容，文章的类型和语言。这些背景知识将有助于听者预测和阐释所听到的内容。自上而下法所采用的方法包括抓主旨大意、预测、推理、总结等。自下而上法以文章为出发点。自下而上所采用的方法包括听具体细节、辨识单词、了解词序的模式等。另外，熟练掌握听力技巧的听者还能够使用元认知策略来计划、检查和评估他们所听的内容。他们能够确定在特定的语言环境中使用哪种听力策略最为有效，能够检查他们的听力理解是否准确，所选择的技巧是否有效，并且通过是否达到了听力理解的目标，是否在听的过程中选择了有效的听力技巧来评估他们的听力行为。

除上述两种具体的方法之外，听力教学还要注意培养学生的元认知策略。元认知策略具有计划性、监控性、反馈评估性的特点。元认知理论是指一个人所具有的关于自己思维活动和学习活动的知识及实施的控制。它主要包括两大部分内容：对于认知的知识，即个体对认知活动、过程、结果以及其他与认知有关的知识；对认知的调节和监控，即个体在认知活动进行过程中、对自己的认知活动积极进行监控调节，以达到预定目标。简单而言，元认知就是认知的认知，是个体对自己的认知加工过程的自我觉察、自我调节和自我评价。根据此理论，听力教学中的元认知策略要求听者在听前根据其特定的语言环境确定所使用的听力策略，在听时监控他们的听力理解是否准确，所选择的技巧是否有效，在听后评估是否达到了听力理解的目标，是否在听的过程中选择了有效的听力技巧。帮助学生建立系统的听力策略体系，并能够灵活地使用恰当的策略来应对不同的语境，最终达到加强听力理解的目的。

（二）英语听力教学的阶段

英语听力教学可以分为三个不同的阶段：听前阶段、听中阶段和听后阶段。听前阶段是指在学生正式开始听之前的一段时间的准备活动。在听前阶段，教师需要确定以下几个问题：所听材料的大体内容和听的目的；是否需要补充一些背景知识或语言知识；采用何种方法进行听力训练，是自上而下的方法还是自下而上的方法。在此阶段教师需要利用各种听前的活动尽可能使学生熟悉题目所涉及的背景知识，预测将要听的内容并确定适当的听力策略，还要使学生了解所要听的主题、课文的类型以及听的目的，听前的活动主要包括：向学生提供背景知识；让学生阅读一些相关的内容；让学生看图画；讨论将要听到的主题；针对将要听到的内容进行问答；介绍听力训练的过程等。这些活动目的在于帮助学生激活相关的背景知识、预测将要听到的内容、解决可能碰到的语言问题以及背景知识的问题等，以便使学生尽快进入听的状态。

在选择和设计听前活动时要注意以下几点：听前活动所占用的时间不要太长，否则会造成喧宾夺主的后果。要尽可能有利于使学生感觉到后面的听力活动真实自然，贴近现实生活。要使学生通过这些活动了解听力材料中的交际活动发生的时间、地点、参与的人以及他们之间的关系等各种信息。使学生清楚他们听的步骤。与其他三项技能相互结合，有利于综合提高学生的语言能力。听中阶段是指学生进行听的一段时间，该阶段的目的在于通过学生听的实践以及各种活动培养学生从听到的内容中获取信息的能力，它是整个听力教学的核心部分。

听后阶段是指学生在完成听的过程之后围绕听力材料进行各种活动的一段时间。有些听后活动是听前与听中活动的延伸，与前面的活动密切相关，还有一部分活动与前面活动的关系则比较松散。听后活动的目的在于以下几个方面：

1. 检查听力理解的效果

在完成听中活动之后，教师可以通过口头给出答案、要求学生相互检查、安排小组讨论、要求学生自己核对课本中所提供的答案等各种方式检查听力理解的效果。

2. 反思听中过程的成败得失

教师可以根据本课的教学目标，确定某个或几个听力微技能作为培养的重点，结合学生的实际表现培养学生的学习策略，提高学生的微技能。

3. 给学生机会考虑听力材料中讲话者的态度与方式

在听母语的过程中，听者一般可以容易地识别讲话者的态度，但是对于外语学习者来说，在听的过程中他们一般把重点放在信息的获取上，而无暇顾及讲话者的态度和方式。

4. 扩展听力材料的主题

顺利过渡到其他的语言技能训练活动中。

（三）听力考试应对策略

听力理解要求学生具有扎实的语言知识，如语音知识、词汇量、语法知识等。如果学生注意这几方面能力的培养，又能使用较为得当的学习方法，那么，听力理解能力还是能够较快提高的。

目前，听力练习的基本形式是听广播、听报告、看电影等。随着科学技术和网络技术的飞速发展和对外交流的增加，大家讲英语的机会越来越多。

参加听力考试，考生还要注意以下几点：

1. 精听与泛听相结合

练习听力，学生首先要学会泛听，即听一遍抓主旨大意或中心意思。完整地听过一遍全文之后，在语篇水平上获得信息；提高理解力，培养抓大意的本领。许多材料还要精听，即在完整地听全文的基础上，反复地去听若干遍，尽量听懂每一个词、短语和句子，掌握内容细节。

2. 抓要点

篇章的听力理解难度最大，所以考生要抓住句子的关键词和文章的要点，不要把注意力过多地停留在个别音、单词或表达法上。考生的思维理解速度要跟上说话人的语速，考生要边听边记，运用逻辑思维方法，充分发挥联想猜测能力，做到听大意、记关键词、抓住主要信息。

3. 掌握听力考试的技巧

拿到试卷后，在开始听正文之前要抓紧时间扫视问题选项，以获取已知信息来预测将听到的信息。

英语听力和口译能力的提高不是一朝一夕的事，而是一个循序渐进的过程，是一个艰难而漫长的过程，不能一蹴而就。要多听多练，拓宽渠道，扩大知识面，加强基本功训练。在学习中注意听力技巧的培养和运用，只有掌握了听力技巧，并将其付诸实践，听的能力才会有质的飞跃。

造成考试失败的原因是什么呢？我们认为主要有以下几点：

1. 有些考生对该门课程的考试形式不了解，有的则不适应。

2. 有些考生知识面不宽，文化知识贫乏，缺少应有的常识，对所听题材内容和背景知识不熟悉。

3. 相当部分考生英语和汉语的语言表达能力较差，一句话翻来覆去，拘泥于字面，机械地逐字翻译，根本无法达到即席口译的要求。

4. 部分考生不懂口译技巧，不善于做笔记，有的根本不会做笔记，因此说不出一个完整的句子。

5. 有的考生发音不准确，语调不自然，个别考生词汇贫乏，语法知识欠缺，综合理解能力差。

6. 个别考生不会用英语思维，他们喜欢一个词一个词地听，往往是将听到的英语译成母语后才理解其意。

第三节　高校英语写作教学

一、英语写作教学综述

在写作教学研究的历史上，研究者从语言学、认知以及社会等不同的角度对写作的过程进行了多方面的研究，并提出了不同的理论，对英语写作教学也产生了不同的影响。在这些理论中，最引人注意的是关于结果与过程的不同观点。在英语中 writing 一词的含义既包括写作的过程，也包括写作的成果，即作品。因此，我们既可以把写作视为一种结果，也可以把写作视为一种过程。当把写作视为一种结果时，研究的重点就主要放在对作文的分析上，包括文章的长度、语言使用的准确性、写作的有效性以及文章的结构。这种影响最早来自于 Kaplan，他认为作文的结构反映了人的思维模式，而外语学习者用外语所写的作文也会受到本族语文化模式的影响。因此，早期的许多研究都集中在英语与其他语言的语篇结构的对比研究上。

写作也可以被视为是一种过程。许多研究者认为，写作是一种把思想转化为书面语篇的过程，其中包括一系列解决问题策略的使用和认知活动。为了揭示这些隐藏的心理过程，研究者采用有声思维、观察以及事后访谈等方法。有声思维的研究方法来自于认知心理学，它要求受试者把在写作过程中的心理活动用语言讲述出来。该模式包括三个主要的部分：作者的长期记忆、任务环境以及写作过程本身。写作过程包括计划、用语言表达思想和检查三个阶段。相关的研究表明，写作并不是一个线性的过程，并不是严格按照计划、草稿、修改的顺序依次进行的，在很多情况下，作者需要在上述三个阶段进行迂回。作者本身所具有的内部资源与外部环境在写作的过程中相互作用，使得整个写作过程具有交叉互动的特点。

关于写作的结果与过程的两种观点对写作教学都产生了很大的影响，由此出现的“结果教学法”和“过程教学法”一直是近几十年来写作教学的主流。在我国，英语写作教学也经历了一个复杂的过程。我国的英语教学历来就有重视读写的教学传统，许多教师都把读写教学作为英语教学的根本。但是，在强调读写教学时，人们往往强调的是学生阅读能力的培养，而把写作教学放置在一个从属的位置。在20世纪80年代以前，我国英语教学中基本上不考虑写作教学的问题，有关写作教学的研究也是寥寥无几。最近十几年的时间中，写作教学逐渐成为外语教学研究的热点问题之一，并出现了许多的研究成果。

二、英语写作教学的理论基础

（一）写作的特殊性

如果只将写作等同于一种技能，只用作测试或技巧练习，那是一种浪费。写作是更高级的综合性学习。其教学目的和方法都应有别于其他三种基本技能。

第一，从语言习得的角度来看，写作能力具有特殊性。阅读和写作都和书面语相关，都不能通过语言习得的过程自然获得，需要经过专门的教育与学习。而在读写之间，写作能力的培养则更加具有难度。写和说都属于产出型的技能，但是两者之间也不能对等，会用英语说不一定就会写，因为写作并非简单地将我们说的话落在纸上，学生写作能力的提高不能通过其他语言能力的提高而自然而然地获得。

第二，从语言神经生理基础来看，写作也有别于其他的语言技能，章兼中指出，由于大脑神经细胞的排列和功能不同，听、说、读、写各自在大脑皮质上形成了相对独立的管辖区：视觉言语中枢、听觉言语中枢、书写中枢。写作教学因而要求有自己独特的活动形式。

第三，从写作的过程来看，写作具有自身的特点。在语言的四项技能之中，说和写属于产出型技能，而听和读则属于接受型技能。因此，与听和读相比，说和写是更主动、更积极的思维活动。而与说相比，写作又有自己的特点。口语交际常常受时间和空间的限制，要求说话人立刻做出反应，因此，说要求自动化。另外，口语使用的词汇较简单，句子结构较松散，还可以借助于手势、动作表情以及重音、节奏、语调、停顿来加强表情达意。而作为书面语的写作则不受时空的限制，往往有较充分的时间考虑。因此，写作“主要是一个自觉的过程，另外，写作只能借助文字和符号来表达思想，没有面部表情、手势、身体动作以及语音方面的辅助，也没有即时的反馈。因此，写作要求用词准确考究，句子结构规范、严谨，段落发展符合逻辑，谋篇布局得当。但是，写作的好处在于作者有较多的时间思考，有时间修改。

第四，从教学过程的心理机制、目的、内容和结构来看，写作也应有别于其他技能的教学。写作活动是属于概念、原理和解决问题的学习，是属于高级阶段的学习，其教学方法自然不能采用初级阶段信号学习或刺激反应学习的方法。

（二）写作的过程

表达主义者把写作视为“与写作结果同样重要的是发现真正自我的创造性活动”，因此写作教学应该个性化，教学活动要帮助学生发现自我，真正地表达自己的内心情感与思想。由此我们可以看出，表达主义者更加重视表达的流利性。认知主义者则把写作视为解决问题的过程，这一思想对于第二语言和外语教学中的写作教学产生了更大的影响。与表达主义一样，认知主义也把写作视为迂回的、个性化的、由内在心理活动引导的过程，但是，认知主义更加重视高级思维和解决问题的过程，这些过程包括计划、确定修辞问题、在一个更大的范围内提出问题、解释定义、提出解决方案以及产生令人信服的结论等。根据认知主义的思想，过程教学法重在开发学生内在的心理过程，尤其是写作过程中的认知与元认知策略，其教学包括创造和写前准备、撰写草稿、修改、合作写作、反馈、反馈后的修改和定稿等阶段。认知主义者认为，从本质上讲，写作是学生自己学会的，而不是教会的。因此，教师在写作教学中应该尽量减少对学生的干预，而是要创造、提供一种鼓励、合作的环境，以帮助学生表达他们自己的意思。

不论是表达主义还是认知主义，它们都注重写作的过程，它对写作思维、写作心理、语言机制等深层结构都进行了探索和概括，并建立了独立的写作理论。作者不仅要问自己为什么要写，写给谁看，而且还要问自己怎样写、怎样开头这样一些关键问题。”在过程教学法中，写作被看作是一个交际过程，是一个发现思想、深化思想，以及从思想到语言，从内容到形式的转换过程。

写作是一个作者与读者之间的交际过程，其中涉及信息的产生、处理和传递，是一个复杂的感知过程。作者作为写作的主体，他首先要利用个人的社会经历及以往的知识和经验，还要考虑写作的目的，据此作出正确的判断。因此，写作教学不应只注重写作过程中狭义的写作那一部分，还要注意作者因素、写作前准备活动、读者因素和信息反馈。要在写作过程中完成上述交际过程有两个关键因素：一方面要给学生充足的时间进行构思；另一方面要从读者那里获得信息反馈，以便进行修改，使内容和形式臻于完善。

写作是作者发现自己的思想，并使这些思想更加清晰、准确和深化的过程。要做到这一点，作者必须具有丰富的材料，并对这些材料进行比较、分析、综合、抽象和概括。这同时也是一个同化适应的过程，即将新事物同化于作者现有的认识结构，或扩大、改组原有的认识结构以便能包容新认识的事物。写作过程是作者对事物的认识从零散到集中，从模糊到清晰、从肤浅到深刻的渐进过程。

写作是从思想到语言的转换过程。作者要将期望表达的意义转变成语言，转变成视觉符号——文字，不仅需要最大限度地运用自己掌握的语法、词汇知识，还必须掌握有关的文体知识、修辞手法、谋篇布局的技巧以及必要的社会文化背景知识。正如社会语言学家 D. H. Hymes 曾经指出的，言语交际中必须考虑可能性、可行性、得体性和发生性。这就是说仅仅要求语法正确还不够，还必须考虑生动、得体、富有感染力和合乎习惯。因此，初稿自然需要反复推敲、多次修改。除了改正语法、拼写上的失误外，作者常常需要整句、整段甚至通篇打乱顺序重写，直至找到最佳的语言表达形式。

（三）母语与二语或者外语写作

对于母语与二语或者外语写作之间的关系，研究的重点主要集中在两个方面，一是母语与二语或者外语写作之间的关系，二是母语思维与二语或者外语写作之间的关系。

在第二章中，我们已经提到，母语对二语学习的影响一直是二语习得研究的一个热点问题，各派理论从各自的角度出发，得出许多不同甚至相反或矛盾的研究结论。从母语对于二语或者外语写作的影响来看，主要有三种观点。第一种以对比分析和对比修辞理论为基础，认为母语对二语学习的负面影响要大于正面影响，母语文化思维和知识会影响到二语学习者的写作语篇的组织方式，因此，学习二语或者外语写作应该尽量克服母语的影响。第二种以创造性构建理论为基础，认为二语或者外语学习受到普遍语法的制约，对于母语不相同的学习者来说，他们二语或者外语写作的过程和顺序大致相同，母语对二语或者外语写作没有明显影响。因此，母语对于二语或者外语写作的影响可以忽略不计。第三种以“深层共享能力”假设为基础，认为母语和二语或者外语能力在深层次上相互依存，能力共享。因此，母语对二语和外语的正面影响从整体上看远远大于负面影响，母语写作水平的提高有助于二语或者外语写作水平的提高。

母语思维是二语习得过程中的常见现象，母语思维在二语或者外语写作中的作用也引起了研究者的注意。用外语写作文，特别在外语学习的初级阶段，似乎无法避免以母语为中介，许多人认为用母语思维会干扰外语学习的进步。但是，许多研究的结果表明，在外语写作过程中借助母语思维对提高外语作文质量有积极的影响。例如，Lay 的研究结果表明，在写同一篇作文的过程中运用母语思维多的学生比运用母语思维少的学生在作文的内容、结构和细节上都表现出明显的优势。其余的几个不仅不用翻译进行外语写作，而且认为翻译对外语写作没有帮助。结果，只有那个通过翻译进行外语写作的水平最高。Friedlander 研究了母语在外语作文内容的构思中所起的作用，他发现运用母语思维既不影响外语写作的时间，也不影响质量。通过翻译写的英文作文和直接用英文写的作文，发现语言水平高的学生与低水平的学生相比，明显得益于翻译。国内的有关研究者也对此进行了一定的研究，研究结果表明，汉语思维对于英语写作具有很大的影响。郭纯洁和刘芳用有声思维法记录了十名高中生和两名大学生英语看图作文的思维过程，并计算了其中的母语思维量，结果显示 60% 的内容由母语生成。但是汉语思维对于英语写作的影响会随着学生英语水平的提高而有所变化。

三、英语写作教学方法

（一）结果教学法

早期的英语写作教学理论主要来自于经典的修辞学研究。直到 20 世纪 60 年代，英语写作教学的注意力一直集中在文学作品的理解与分析上面，其目的在于通过这些分析使学生掌握各种文体的特征和写作方法，从而能够模仿并写出自己的作品。这种写作教学方法被称为结果教学法。结果教学法是一种基于句子层面的写作教学模式，它强调学生遣词造句的能力，要求加强句子组合和语法练习，是一个从句子入手，发展到段落，再到篇章的过程。学生写作的结果是教师关注的重点。结果教学法的一般过程为，教师首先就某一修辞手段进行解释，然后要求学生阅读一个作品，接着教师会根据前面解释的修辞手段和阅读的作品给学生指定写作作业。在这一过程中，教师有时会给学生提供写作作业的提纲或者范文，最后教师还要对学生的作业进行讲评。结果教学法被用于第二语言或者外语写作的教学之中，其重点也在写作成品上，强调语言的正确性、作文的篇章结构和写作质量。

结果教学法是我国目前使用最为广泛的一种英语写作教学方法，国内许多的英语写作教材也是按这种教学法设计的。结果教学法在具体实施中存在着很大的差异，总体来讲，这种教学法注重语言知识的运用。就段落来讲，强调主题句、段落的组织与结构，即通过所谓的模式来展开段落，常见的模式有：事情发展过程、对比与比较、因果关系、分类、下定义等。

结果教学法一般把写作分为四个环节：

1. 熟悉范文

教师选取一篇范文进行讲解，分析其修辞选择模式和结构模式，介绍修辞特点和语言特点。

2. 控制性练习

教师就范文中所体现的相关常见句式要求学生进行替换练习，学生在教师的指导下渐渐过渡到段落写作。

3. 指导性练习

学生模仿范文，使用训练过的句式，尝试写出相似类型的文章。

4. 自由写作

学生可以自由发挥，使得写作技能成为自身技能的一部分，用于现实的写作之中。

结果忽视了写作过程本身的复杂性，从而缺乏对学生在写作过程中所遇到困难的了解和认识，而学生的整个写作过程都是在教师的完全控制下完成的，没有自由创作的空间，学生只关心分数的高低，写的文章常常是内容空洞无物、表达平淡无力。

（二）过程教学法

写作的过程教学法开始于20世纪60年代美国的第一语言教学，它是在发生认识论、信息论、控制论以及各种语言理论和教学法的影响之下所形成的一种写作教学方法。经过教学法专家的探索和实践，特别是经过美国写作协会的大力推广后，过程教学法一度成为最有影响的教学方法。从20世纪80年代开始，从事第二语言教学研究的学者将“过程法”应用于第二语言的写作教学。在理论上，过程教学法强调思维在写作活动中的重要意义，强调作者的主体意识和能动作用。而在实践上，它改变了以往的写作教学片面强调语法结构、修辞手法和机械模仿的倾向，把实际交际能力和智能的培养放到首位，因而它强调的是写作过程，提倡学习者的合作。

过程教学法最明显的特征就是注重思维训练和作者的能动作用。行为主义心理学认为一切学习行为都是刺激、反应和强化的过程，因此，以此为根据的听说教学法特别强调机械操练的作用。这反映在写作中便是注重分析和模仿文章的语言因素和结构形式，而忽视了作者作为写作主体的思维活动和实际的交际活动。20世纪60年代初，以瑞士心理学家皮亚杰的发生认识论为基础，语言学习的认知理论逐渐形成。认知理论强调创造性思维在学习活动中的主导作用，认为学习是高级的智慧活动，因而反对学生消极、被动地接受知识，主张让学生积极主动地去探索原理。在认知理论的影响下，过程教学法把写作看成是一个发现、适应、同化的认知过程，因而强调学生要独立思考、收集材料、组织材料，对材料加以分析，并从中发现规律、掌握原理。只有这样，学生才能够创造性地运用语言知识，写出好的文章。除了认知理论之外，交际教学法也对过程教学法产生了积极的影响。它把写作教学的内容从单纯的语言知识扩大到语义、文体、语域甚至社会文化等方面。写作一方面要培养学生外语表达的能力，另一方面还要培养他们分析社交场景、读者心理以及交际目的和效果的能力。同时，过程教学法还强调写作的根本任务是交际，是培养学生的思维能力和实际交际能力，因而要尽可能使教学过程生动化、情景化、以创造出适当、自然的交际环境。

第四节　高校英语口语教学

一、英语口语教学综述

口语一直被认为是英语教学的重点之一，但是对于口语技能的本质以及教学方法的认识在近四十多年来经历了许多变化。在20世纪70年代以前，听说教学法和情景教学法把句型视为英语教学的核心。在20世纪70年代以后，交际能力概念的提出在教学大纲和教学方法方面带来了很大的变化，这些影响一直延续至今。交际能力的理论带来的交际教学法、交际大纲、功能大纲、意念大纲以及最近的任务型教学方法都对英语教学产生了巨大的影响。在交际教学法的影响下，流利性成为口语教学的主要目标。在培养学生流利性程度的过程中，教学活动可以充分利用信息差。在日常的交际活动中，两个或者多个人进行语言交际时只有部分人知道某方面的信息。因此，在交际性输出的活动中，也包含有类似的信息差，只有在学生间或者学生与教师间形成信息差，才有可能展开真正的语言交际，否则课堂活动和练习就会成为机械的人为活动。口语能力要通过让学生参与真正交际活动来获得。交际策略是“当会话者在没有表达意义所需的语言结构时，试图就意义相互达成的协议”，它包括造词策略、替代词策略、释义策略、求助策略等，而交际策略和意义的协商被认为是发展口语能力的必备环节。

在交际教学法中，合作式教学法也受到高度的重视。合作式教学法以学生为中心，采用以学生间的交流与合作为基础的教学模式，注重学生实际交际能力的培养。合作式教学法大量采用对话、小组讨论、角色扮演等课堂活动，与交际教学法中的其他方法相比，合作式教学法更加强调学生间的彼此依赖性和责任感，从而使每个学生始终处于积极地参与状态。荣辱与共、彼此依存、团队交际、相互交流活动和定期总结是合作式教学法最显著的特征。由于组内成员固定而且每个成员在活动中常常担负不同的角色或者任务，因此在采用合作式教学模式的课堂上，小组成员之间必须互相依赖，互相帮助，以共同协作的方式完成教师布置的学习任务。合作式教学模式被广泛地应用于课堂教学，尤其是外语教学中。研究表明，合作式教学法能为学习者创造一个轻松愉快的学习氛围。不仅可以体现教学的个性化，提高学生的学习兴趣和积极性，而且由于它注重了学生间的交流互动，非常有利于培养学生的语言交际能力。

交际教学法以培养学生的交际能力为目标，其影响一直持续到现在。但是在20世纪90年代，在外语教学领域也出现了以提高语言水平为目标的教学思想。研究者根据不同的技能综合描述了不同的水平级别，并作为教学的依据。Hadley提出了以水平为目标的教学思想的五个基本原则：要给学生提供他们可能在目标语文化中遇到的各种语境中训练语言使用的机会；要给学生提供在目标语文化中与他人相处所必需的各种功能或者任务的练习机会；流利性应该受到重视。在学习者产出语言时，各种形式的指导以及评价性的反馈可以有利于学生技能的培养，有利于他们准确、连贯地使用语言；教师的教学要针对学生的情感与认知需求，同时也要考虑学生的个性、喜好以及学习方式；要采用各种方法促进学生对文化的理解，以便使学生养成对于文化的敏感性。

全球化进程的不断发展使得英语成为一种国际语言，在此背景下，关于交际能力的概念也得到发展，成为跨文化能力，因为人们学习英语是为了满足与更多文化背景的人进行交流。与此同时，应该更多地借鉴会话分析以及语料库分析的研究成果。

总体而言，经过几十年理论与实践的发展，人们对口语教学基本上达成以下共识：口语是英语学习的基础；英语本族语人的用法和非英语本族语人的英语用法都应该在口语教学中得到考虑；课堂教学所使用的材料要以语料库的分析为基础；包括功能大纲在内的交际大纲是主要的教学依据；对于口语错误要有更高的容忍度，但是口语的流利性和准确性都是口语教学的基本目标；口语能力的获得依赖于学习者对于词汇短语和会话模式的掌握；要注意学生文化意识的培养；成对或者分组活动是口语课堂的主要活动形式。

二、英语口语教学的理论基础

（一）口语表达的心理过程

口语表达在四项技能中属于产出性技能，是一种积极主动地表达思想的心理过程。桂诗春教授综合了国内外心理语言学关于语言产生研究的成果，比较全面地介绍了口语表达的心理过程。下面我们主要依据桂诗春教授的描述介绍口语表达的心理过程。

言语产生包括两个主要的阶段：制订计划和执行计划。说话人首先根据交际的目的制订说什么的计划，然后再执行所制订的计划。但是这两个阶段并不是截然分开的，在口语表达的过程中，说话者往往是先制订计划，然后在执行计划的同时制订新的计划。

1. 制订计划

口语表达是一种目的性很强的活动，说话者总是要为了实现一定的交际目的，例如，获取信息、提出要求、作出指令、保持社会关系等，针对其具体的交际目的，说话者需要考虑以下因素：

（1）对听话人的了解。说话人需要根据他对听话人的了解以及他与听话人之间的关系确定使用哪一种语体。与关系密切的人讲话和与陌生人讲话所采用的语体具有很大的差异。在谈话的过程中，有时还涉及第三方，怎样称呼第三方，也需要说话人根据他对听话人的了解而确定，例如，可以把第三方称为“your son”，“that guy”等。

（2）合作的原则。说话人期望听话人相信他们是遵循合作原则的，即会提供足够的信息，所说的话是真实的、与主题相关的，而且表达是清楚的。有意违反某一条准则，就会有别的说话意图。

（3）现实的原则。说话人期望听话人相信他们所谈到的事实、情况和状态都是可以理解并且合乎常理的。现实的原则还可以帮助听话人听辩具有歧义的句子。

(4) 社会语境。听话人在不同的语境中以不同的身份出现，说话人会根据听话人身份的不同使用不同的语体。例如，两个人是好朋友，在单位又是上下级关系，那么他们在工作期间谈话所使用的语体往往要比下班后的谈话正式得多。另外，在不同的社会语境中，说话人也会根据环境的不同，例如在家里、在办公室或在学校等，选择不同的语体。

(5) 供说话人使用的语言手段。有很多要表达的内容没有现成的说法，这就需要运用各种语言手段和非语言手段等把它们表达出来。另外，不同的交际方式也会影响到语言手段的使用。

制订计划可以在不同的层面上进行。根据语言的结构，计划的制订可以在三个主要层面上进行：语段计划、句子计划和句子成分计划。

(1) 语段计划。说话人必须首先确定他要参加什么样的话语活动，例如讲故事、和别人对话、描述一个事件、争论一个观点等，不同的语篇具有不同的结构。一个故事需要包括时间、地点、人物、情节等不同的要素。而会话型的语篇需要解决参与会话的人怎样使他们的话语相互配合，以达到交际的目的。会话的过程涉及怎样开始一段会话，怎样进行讲话，怎样结束一段会话。要开始一段会话，讲话人必须首先要引起听话人的注意，并表达要进行会话的意图，从而构成一个召唤一个回答序列。在这个序列里，召唤者首先提出会话的题目，例如，要结束一段会话，情况会比较复杂。说话者如果需要描述景物，就要解决以下几个问题：在什么层面上进行描述，例如，可以先说 It’s a very beautiful place，然后对具体的景物细节进行描述。包含在一个主题下的内容很多，讲话人还要确定哪些内容应该包括在描述的范围之内。内容确定之后，还要确定描述的次序，是由大到小，还是由小到大，是由左到右，还由右到左，是由远及近，还是由近及远。最后，讲话人还要确定被描述的各个部分是如何发生关系的。

不论是会话型还是独白型的语篇，语篇的结构都包括两种。一种是层次的结构，说话人必须根据说话的意图决定什么时候开始、如何进行、应该重点突出什么、在什么时候结束等。另一类是局部的结构。说话人还必须根据整体的层次结构，对句子进行计划，因为该怎样说往往是根据对方的语言来确定的。

(2) 句子计划。在作句子的计划时，说话人需要考虑三个方面的问题：命题内容、言语行为和主题结构。命题内容。命题是意义单位，反映了说话人要表达的思想，是句子计划的核心。有时一个句子只包含一个命题，例如，He is having lunch. 有时一个句子会包含多个命题，例如，The beautiful lady，killed her cruel husband. 这个句子包含三个命题：a. The lady is beautiful. b. Her husband is cruel. c. The lady killed her husband. 言语行为。在决定了命题之后，讲话者还要考虑这个命题是用来做什么的。"他很胖"是一个命题，但是可以用来实现不同的言语行为，例如：他很胖，(表示判断，描述，提供信息)，他很胖吗？(询问，获得信息) 告诉你，他很胖啊。(警告)，选择言语行为对语言交际来说至关重要，这在很大程度上取决于讲话人要实现的交际目的。同一个言语行为还可以用不同的表达方法来实现。以上述命题为例，如果要询问，向别人获取信息，可以有多种不同的表达方法：他很胖吗？他是不是很胖？请告诉我，他是不是很胖？因此，在作句子的计划时，讲话人需要考虑采用什么言语行为以及用什么样的方式来实现这一言语行为。主体结构。句子的主体结构主要涉及两个方面的问题：一是主语和谓语的问题。主语是陈述的对象，说话人要说的东西，谓语是对主语的陈述、说明主语是什么或者干什么。在语言使用的心理过程中，主语是储存在记忆中的主体，而谓语则是关于这一主体的一个事实。二是已知信息和未知信息的问题。在一般情况下，已知信息在前，未知信息在后。例如，He has gone to Shanghai. 在这个句子中，he是已知信息，讲话人和听话人都知道该词所指代的对象，而后面的部分为新的信息，是听话人未知的信息。这种情况在独白型的句子中表现得比较明显，而在会话型的语篇中，已知与未知信息的安排会有所改变，例如：A：谁去了上海？B：老王去了上海。句子成分计划。在对句子的结构进行了计划之后，还要考虑怎样用词来体现这个结构。每一种句子成分的计划都有其独特的问题，限于篇幅，在此不做详细的讨论。

2. 执行言语计划

在计划制订之后，语言的产生就进入了执行计划阶段，讲话人会根据前面的计划，通过发音器官发出表示句子和语篇内容的声音。表面看来，执行计划无非就是将言语计划诉诸实施，似乎非常简单。其实不然，言语计划的执行要比我们想象的要复杂得多。因为人们在执行计划前往往不只是把言语计划全部都制订好，另外，计划人还需要根据计划编制一个发音程序，储存在记忆里，让控制发音器官的肌肉按部就班地活动，才能发出预期的声音。

言语的产生涉及人脑怎样指挥发音器官的肌肉去发出有意义的声音。从现有的心理语言学研究成果来看，发音程序是在不同的层面上计划和形成的。

（1）发音程序的单位可能是语音的区分性特征、音段、音节、单词以及更大的句子成分。

（2）发音程序的几个重要步骤：第一步，选择意义，决定所采用的句子成分应当具有的意义；第二步，选择句子的轮廓，对句子的形式和句子的重音作出规定；第三步，选择实义词并放入勾型里面；第四步，构成词缀和功能词。实义词决定之后就要提出功能词的语音形式，提出前缀和后缀；第五步，音段的具体化，一个音节一个音节地把音段完全实现。

（3）言语计划的执行是在一定时间内进行的，因此发音程序不但要规定音段和音段的次序，还要规定他们的时间和节奏。英语是一种节奏感很强的语言，重读的作用十分明显。另外，人们讲话太快时，就必须决定哪些音段应予保留，哪些应予省略。

（4）最后一步是把发音程序付诸实施。发音程序是边编制边储存在记忆里，一旦程序编制完成，大脑就根据程序对发音器官发出指令，规定发音器官应该放在什么位置，怎样协调行动，才能发出某个音段。

（二）影响说的因素

根据口语产生的心理过程，我们可以看出影响说的因素主要包括心理因素、文化因素、语言因素和背景知识因素四个方面。

1. 心理因素

口语表达是一个非常复杂的心理过程，要想使这一过程顺利高效地完成，需要讲话者处于轻松的、精力集中的心理状况下。紧张、恐惧、焦虑等不良情绪都会影响到口语产生过程的正常进行。

2. 文化因素

语言是交际的工具，同时语言的使用也是一种社会的规约，在不同的文化中，人们在什么时间、什么地点、向什么人、用什么样的方式、讲什么样的话都有固定的规则习惯，外语学习者需要学习并掌握这些规则才能有效地使用语言进行交际。

3. 语言因素

语言是由语音、词汇、短语、句子和语篇构成的，足够的语言知识是口语表达的基础。尤其是要掌握一些常用的习语和句型。每种语言都有一定数量的习语和基本句型，它们往往是一些常用的具有特定意义的句子、短语甚至单词，学习者要对它们熟记，而不必进行语法分析，这样可以在使用的时候张口就来，提高口语的流利程度。

4. 背景知识因素

在听力教学部分我们谈到，学生知识面的宽窄直接影响他们听力理解的能力，学生熟悉的内容听起来会更加容易。同样，背景知识也会影响到学生的口语表达。口语交际要做到言之有物，首先要求学生具备相关的知识。

综上所述，要想具备良好的口语能力，学生除了心理因素和背景知识方面的内容之外，还需要具备两个方面的知识。

（1）语言结构知识：包括语音、词汇和语法，学生能够使用正确的单词，按照正确的次序排列，并发出正确的读音。

（2）功能：包括信息的传递与互动，学生能够知道什么时候表达清楚的信息，什么时候不需精确地理解全部信息。

（三）会话结构

口语表达能力主要指参与会话的能力，因此，会话结构分析对于口语教学具有重要的指导意义。“对于会话结构的研究可以从两个方面入手。一是从整体上看一个完整的会话过程是怎样构成的，即会话怎样发展的，这是对会话整体结构的研究。二是研究会话的局部结构，一次会话活动是由参加者一次接一次的发言所构成的，一个参加者的发言和另一个参加者的发言之间有什么联系，如何构成连贯的话语，这是会话的局部结构所要解决的问题”。会话结构的研究所涉及的内容很多，我们在这里只介绍一些基本的概念。

1. 预示语列。会话是一种最基本的语言使用方式，任何会话都要实现一定的交际功能，以言行事，例如，请求、邀请、宣告等，在此之前，讲话者先用某些话语进行探听，看是否可向对方实施某一言语行为。讲话者所讲的这些话就是预示语列。

2. 插入序列

典型的会话格式之一是一问一答，始发语一般是个疑问句，而应答语则要求根据始发语所表达的言语行为作出反应。但是在实际的会话中，人们往往会在这一问一答之间添加插入语列。

3. 话轮转换

会话的特点就是两个和两个以上的人在一起轮番说话，A 先说，说完后 B 接着说。会话中，每个人一次说的话，称为一个话轮。话轮单位的特征包括：（1）能够预测它的终结位置；（2）能够在单位以内具体表明终结时邀请哪一个人接着说话。选择一个说话者的具体方法包括：（1）提问加称呼语，例如：“What happened，Tony?”“Tony，tell us what happened.”；（2）陈述句尾加称呼语，例如：“But，Tony，what you said is not right.”；（3）各种证实听到和理解的话语，如“Who? You did what?”“Pardon”等。话轮转换的规则可以简要地概述如下：（1）如果 C 在当时的话轮中选择 N，那么 C 必须停止说话，而 N 必须接着说；（2）如果 C 没有选择 N，那么会话中 C 以外的其他参加者都可以自我选择，谁先说话，谁就占据了下一个话轮的机会；（3）如果 C 没有选择 N，也没有其他参加者做自我选择，那么 C 可以继续说话。

4. 会话的总体结构

会话应有一个总体结构，用于不同目的、不同环境下的会话会呈现出不同模式。例如，打电话时总是以开场白作为开始，然后是一个或者几个话题的对答，最后以交换告别语而收尾。告别语和预示收尾的词语使收尾显得自然协调。

（四）英语口语的语言特点

语言有口语和书面语两种表现形式，口语是语言存在的最基本形式，是第一性的，也是语言最活跃、最富有生命力的表现形式。口语与书面语之间具有许多共同之处。这些特点在语音、词汇、句法、语篇等各个层次均有所体现。

口语的特点首先表现在它是有声的，它主要作用于人的听觉系统，依靠语音的变化来表达意义，口语的重音、节奏、语速、语调等都可以表达丰富的意义。一个句子中一般有一个和多个调核。所谓调核就是指一个语调组中说话者所要表达的最重要单词的重读音节，它一般充当句子的信息中心。调核位置的调整是一种常用的有效表达感情意义的手段。

三、关于口语表达测试

在增加《听说考试》之前，了解一下口试的性质、评分标准及常见考试类型是大有好处的。近年来，随着电化教育的普及和发展，大家对听力测试逐渐有所了解。但口语测试却往往令人摸不着头脑，因为口语是一项极难测试的技能。近年来，口语考试越来越受到教育行政部门和各种考试机构的重视，在大学英语专业考试和非英语专业的考试中都增加了口语测试。全国高等学校英语专业口语得到了社会的认可。

口语表达测试属于主观测试，如何衡量说话技能的标准历来是个难题。一个人发音全部正确，却不能适当而有效地与别人交流思想；另一个人语音、语法错误很多，但他却可能成功地表达自己的思想。对这些考生如何评分，主考教师之间往往不能取得一致意见。因此，口试评分难免会有一定程度主观性。经过多年摸索、探讨，现在评判口试分数终于有了比较具体的标准。根据口试的目的，测试题型一般有以下几种：朗读。现在许多口试都含此项测试。首先发给考生一篇短文，令其稍加准备便朗读短文。此项目可测试学生的语音语调及流利度等。其实，经验丰富的考官从考生的朗读中便可大致看出其口语水平的高低。日常会话。此项测试常采取面试形式，比较灵活。回答问题。考生就某一材料或某一方面内容回答考官的提问，或根据一幅画面回答考官的问题。看图说话。考生看图描述某一件事情、某一风景或某一问题等等。讲述故事。听过或读过材料后，讲述其大意。口语练习。包括句子转换练习，结构练习，完成句子等。命题发言。此项要求学生根据所给题目准备一篇简短对话。考生准备两分钟，然后作 3 至 5 分钟即席讲话。这种题型难度较大，但可反映考生运用语言的能力，可对考生的语言水平获得更为全面的了解；在高级阶段，它仍不失为一种有效的题型。一般测试类型，上面基本都已谈到，当然，新的题型还会不断出现。

（一）口试中反映出的问题

2016 年河北省高等教育自学考试英语口试试题包含四项内容：朗读、回答问题、复述、命题发言。对此次考试答卷进行分析之后，发现考生在几个部分中都存在一些问题，下面扼要谈谈这次研究结果，着重分析一下语音问题。

1. 读及语音问题

抽样分析结果表明，有 8 个英语音素对河北省的学生仍是“老大难”音。这几个音素，考生不是用汉语语音去代替就是发音不正确或与其他音素相混淆。由于学习条件所限，某些英语学习者想突破语音关，的确要格外用心。此次考试反映出来的问题比较集中，从某种意义上代表了河北省学生英语学习中的难点。回答问题与复述两部分，大多数考生完成得不错。有些考生因没听清或没听懂考官的问题而丢分。复述部分要求考生先听录音然后复述。少数考生故事情节遗漏太多，部分考生语言水平较差，语法错误时有发生。这两项与听力是紧密相关的。

2. 命题发言一项，考生仍有较大提升空间

有两种情况值得注意：一是考生能流利地连续发言，但只能讲一两分钟；二是考生慢条斯理，讲一两个词停顿一会儿，一分钟说不了几句话，但五分钟内都在断断续续地讲。当然，此题旨在测试英语综合能力。考生不仅会说，而且还要有话说才行。考生缺乏这方面的训练，也使此题显得格外难以圆满作答。

（二）利用语言实验室测试口语水平的利与弊

2016 年口试分七个场次在实验室统一进行，考生答题内容全部保存下来，之后由评卷教师依据统一评分标准集体评分。这种口试方法有以下几个优点：

1. 考生机会均等

各场考试时间几乎完全相等；考试形式完全一致；考官语速相同；声音效果

样；考生准备时间相同。

2. 评分标准较统一

评分前，评分人员共同讨论标准，共同试评，然后分组评阅，最后有专人抽查、复核。另外，评分人员所评答卷不限于一个地区，即同一位评分人员要听来自不同地区考生的录音。这种做法使各地区之间的差别自然显现出来，比较公正合理，在一定程度上限制了主观测试评分的任意性。

3. 考试时间延长，题量加大，考生有机会充分展示其语言能力、组织能力及思维能力，因而便于考出真实水平

以往口试每人平均约 15 分钟，此次口试每人 25 分钟，试题类型增多，内容增加，有一定难度。

4. 考试中行政管理公正

各考试设备条件良好，监考人员训练有素，考场纪律严明。在实验室进行口试无疑会促使考生积极训练、积极准备、多听录音、多练口语。

5. 因为考生面对的考官是机器，它铁面无私，有些问题，考生是无法“绕过去”的，只有具备了扎扎实实的基本功才能通过

前四点对提高测试的可靠性与有效性显然都是有益的；第五点对考生将起引导作用，激发其学习积极性。然而，任何测试都不可能十全十美。此种方式的测试也有其无法避免的弊端。总之，口语面试与采用电教设备测试各有利弊。对于大规模的测试来说，录音测试已显示出其优越性，比如：组织方便、节省人力、节约财力、标准统一、公正公平。面试有其优势的一面，也有不少劣势：主观程度大，有时打分可靠性很低。根据我国的国情，我们认为，两种方法若能有机地结合起来，英语口试可望取得更佳的效果。

四、现代英语口语教学实践

（一）“互动式”口语教学实践

该口语教学实践采用互动式的教学模式，充分利用教材现有资料进行有效的整合，充分考虑到学生的学习兴趣，所设计的内容与学生的日常生活密切相关，

侧重培养学生英语口语表达能力，同时结合听、读、写各项技能，充分发挥小组合作的优势，使学生真正成为学习的主体。整个课堂条理清晰，层次分明，教学步骤十分紧凑，具有很强的操作性，课堂评价贯彻始终，自主学习、探究性学习与合作学习相结合，不仅培养了学生主动探究和自主调控学习策略的能力，还有助于使学生获得成就感。

（二）“3P”口语教学实践

该口语教学实践采用 presentation，practice，production 的“3P”教学模式，以学生的多种参与形式为手段。通过听、说练习，使学生对课题的表达有所了解，同时在谈论课题的语境中掌握了 when，while，after，before 等词引导的时间状语从句的用法。此外，该教学实践也十分重视语音语调，采用多种策略达到训练学生纯正的发音、流利的会话的目的。

（三）“任务型”口语教学实践

此教学实践活动通过小组合作的形式组织口语练习活动，为学生留出了极大的语言使用空间和自由，在刺激学生表达欲望的同时，还通过互相帮助提高了学习的效率。学生在完成任务、展示讨论成果中获得了满足感和成就感。而话题中的对比主题也提升了学生分析、对比、辩论的能力，提高了学生用英语分析和解决问题的综合能力。

第三章　互联网时代背景下大学英语教学理论与实践探索

第一节　互联网技术与英语教学的融合

一、英语教学理念

（一）素质教育

（1）强调教育的基本功能是促进人的发展。它确立以人的发展来促进社会发展的观念，改变以往片面强调教育促进社会发展的价值取向，自觉地重视学习者的全面发展、全体发展和个性发展。素质教育把教育视为社会的主体，教育的发展功能被视为终极目的、被本体化。

（2）以提高国民素质为根本宗旨，强调培育适应时代发展和个人发展的素质，尤其以培养创新精神和实践能力为重点。围绕人的发展，倡导全面的、多样化的人才观，提倡积极的、平等的学生观，强调自主、探究和协作的学习观，提倡个性化的、因材施教的教学观和以评价促发展的评价观。

（3）以学生为本。尊重每个学生独立的人格价值和独特的品质，使每个学生得到尽可能完善的发展，获得相应的价值，回归学生的学习主动权，把学习变成一种人的自主性、能动性、独立性不断生成和发展的过程，从而使学习不再是一种异己的外在控制力量，而是一种内在的精神解放运动，培育终身学习和独立学习的愿望和能力。

（4）追求卓越。所谓卓越是指人的潜能得到最充分的开发，自我价值得到最大程度的实现。素质教育是追求卓越的教育，在强调全面发展和全体发展的同时，更加重视个性发展和潜能开发。素质教育强调唤醒和培育追求卓越的意识与能力。

（5）创新教育是核心。注重学生的创新精神和实践能力的培养，培育创新人才，是素质教育的主要目的。创新人才必须具备创新意识、创新人格和创新能力三个基本条件。

（二）终身教育

随着科技的发展和人类的进步，科技信息正在进行爆炸式的增长。在这种情况下，如果我们仍然沿用传统的教学方式和学习方法，势必将被时代所抛弃。终身学习就是为了应对这种挑战而提出的，只有不断地学习，才能更新旧知识接纳新知识，才能与时代同行。

（三）教育的四大支柱

学会认知，就是要学会认知的手段和方法，学会发现问题，学会解决问题，学会自己建构知识，也就是要具有终身学习的能力。

学会做事，主要指在一定的环境当中去实践、去探索的能力，包括如何面对困难，如何分析、设计和论证解决问题的方案，如何组织协调和实施方案等方面的综合能力，让学生通过亲身实践获得知识，培养能力。

学会合作，就是要学会与他人友好相处，学会与周围的人合作生活、合作学习、合作工作，培养学生为了实现共同目标，能顾全大局与他人团结合作的精神。

学会生存，就是要学会掌握自己的命运、适应环境的变化，能抓住机遇拓展自己的发展和生存空间，以求学生自身生存和发展的综合能力的全面提高。

二、英语教学传播

（一）英语教学的传播过程

1. 教育传播要素

（1）教育者

教育者是教育传播系统中具备教育教学活动能力的要素，是系统中教育信息的组织者、传播者和控制者，如学校中的教师、社团中的指导者、学生家长等。学校中直接面对学生进行教育教学活动的教师是最重要的教育者。教师必须能实现教育传播系统的整体目标，使学生在德育、智育、体育、美育、劳动诸方面都得到和谐的发展。

（2）教育信息

信息是教育传播系统的要素之一，是指以物理形式出现的教育信息。教育传播过程是一个信息交流的过程，自始至终充满了教育信息的获取、传递、交换、加工、存储和输出。

信息是抽象的，当它被某种符号表达出来才是具体的。表达教育信息的符号可分为语言符号和非语言符号两大类。语言符号包括自然语言和人工语言，具有抽象性、有限性等特征。非语言符号包括动作性符号、音响符号、图像符号、目视符号等，具有形象性、普遍性、重要性、多维性、整体性等特征。在教育传播过程中，语言符号擅长于描述事实与知识，而非语言符号则只擅长于表达态度和感情。

（3）受教育者

受教育者是施教的对象，一般说就是接收教育信息的学生。在教育传播过程中，作为受者的学生，他首先要接收传播信号，如阅读教科书和参考书，认真听取教师的课堂讲授，视听大众传播媒体，参加教学实践与社会活动等。

在信息传播过程中，学生的行为可概括为目标性行为、主动性行为和选择性行为。目标性行为是学生区别于一般大众传播中的受者的重要特征，学生接受教育信息要按照培养目标的规定，学生的传播行为是有组织有计划地进行的。学生的选择性行为包括选择性接受、选择性理解和选择性记忆。

（4）媒体和通道

教育传播通道是教育信息传递的途径，教育信息只有经过一定的通道，才能完成传递任务，达到教育传播的目的。按传递的信号形式来分，通道包括图像通道、声音通道和文字通道。所谓教育传播通道，就是教育信息传递的途径。它的组成要素有各种教育媒体、教学环境、人的感觉器官、处理和传播信息的方式。

（5）传播环境

良好的教育传播环境能对教师的教学组织活动产生促进作用：①扩大教师采集和选择教育信息的范围；②为教师提供必要的物质条件；③使教师有可能采取更为灵活有效的方式进行教育传播活动；④为教师提供更多的与学生接触、与社会交往的机会。

2．教育传播过程

（1）确定教育传播信息

教育传播过程的第一步是确定传送的教育信息。传送什么信息，要依据教育目的和课程的教学培养目标来确定。

（2）选择教育传播媒体

选择教育传播媒体呈现要传送的信息，实质就是编码的过程。一般来说，一是选择的媒体能准确地呈现信息内容；二是选用的媒体符合学习者的经验与知识水平，容易被接受和理解；三是选用的媒体要容易取得，且付出的代价较少，但能取得较好的传播效果。

（3）通道传送

在这个阶段，教育传播通道通过教育媒体传送出信号，也称为施教阶段。在这里首先要解决两个问题：一是信号要传递多远，多大范围。二是信息内容的先后传送顺序问题。在任何课堂教学传播中，每一节课从开始至结束，教师何时口语传播，何时利用幻灯媒体，何时利用电视媒体，要遵循课程的教学结构。

（4）接收与解释

在这一阶段，受教育者接收信号并将它解释为信息意义，也就是信息译码阶段。受教育者首先通过视、听、触等感觉器官接收传来的信号，信号对感官的刺激通过神经系统传至中枢神经，通过分析将它转换为相应的符号，然后，受教育者依据自身的知识与经验，将符号解释为信息意义，并将它储存在大脑中。

（5）评价与反馈

受教育者接收信号解释信息之后，增加了知识，提高了能力，但能否达到预定的教学目标，就要进行评价。评价的方式方法很多，可以观察学生的行为变化，也可以通过课堂提问、课堂作业，以及阶段性的考试等。

（二）教育传播的方式与原理

1．教育传播的基本方式

（1）自学传播

自学传播是指没有专职教师当面传授的一种教育传播方式。自学者自定学习目标，从四周可能的环境中寻找合适的教师替身。平常较多的是选择自学的教材，即根据学习要求选购相应的书籍、音频、视频和CAI课件等学习材料，自定步调学习。

（2）个别传播

教育传播最早的时候即采取这种方式，是传播者与受传者单独面授知识和经验的一种教育传播方式。尽管这种教育传播方式相当古老，但因为它的效果显著而沿用至今。个别传播与人际传播相比，有许多相似之处，如传播者与受传者都是不同的个体，并能即时得到反馈等。

（3）课堂传播

课堂传播是当前学校普遍采用的教育传播方式，学生的学习主要依据课本和教师的语言讲解，亦即是主要通过语言和文字符号进行。这种传播方式有利于发挥教师的主导作用，教师能科学地组织教学过程，充分考虑情感因素在学习过程中的重要作用，学生能快速、有效地掌握知识技能，有利于培养学生的合作精神和竞争意识。

（4）远程传播

远程传播是非面对面的传播活动，例如函授、网络教学等。这种教育传播方式随着计算机、网络等现代通信传播和控制手段的推广而逐步得到普及，但还需要适当的辅导与之相配合。

2．教育传播的基本原理

（1）共同经验原理

教育传播是一种信息传递与交换的活动，教师与学生的沟通必须建立在双方共同经验范围内。一方面，对学生缺乏直接经验的事物，要利用直观的教育媒体帮助学生获得间接的经验；另一方面，教育媒体的选择与设计必须充分考虑学生的经验。

(2) 抽象层次原理

抽象层次高的符号，能简明地表达更多的具体意义。但抽象层次越高，理解便越难，引起误会的机会也越大。

(3) 重复作用原理

重复作用是将一个概念在不同的场合或用不同的方式重复呈现。它有两层含义。一是将一个概念在不同的场合重复呈现。二是将一个概念用不同的方式重复呈现。

(4) 信息来源原理

有权威、有信誉的人说的话，容易为对方所接受。资料来源直接影响传播的效果。因此，作为教育信息主要来源之一的教师，应树立为学生认可的形象与权威。所用的教材与教学软件，其内容来源应该正确、真实、可靠。

三、英语视听教育

(一) 人的视觉心理

1. 心理趋合

心理趋合是指利用人们的想象力去填充实际在画面中并没有见到的空间。由于电视屏幕的画面是有限的，恰当地利用人们日常生活的经验，使被摄物在画面中取舍得当，会产生画面向外扩展的效果，就可以让画面中未被展现的被摄体的其他部分，出现在观众的想象之中。

2. 画面均衡

画面均衡是人们对画面表现主题的一种形式感觉，是产生画面稳定感的因素。各种造型因素表现在画面上可能产生不同的效果，经过构图方面的处理，使画面达到视觉上和心理上稳定的感觉。

3. 视觉重心

人们习惯于从左边向右边观察画面，把注意力停留和集中在右边的物体上，这就是视觉中的右撇现象。因此，在考虑构图时要注意右撇现象对均衡的影响。

（二）人耳的声音定位机理

1. 双耳效应

人耳主要是靠双耳效应来进行声音定位的，如果声源不在双耳连线的中点垂直面上，则声源到双耳的距离就不相等，从声源发出来的声音到达两耳的时间就不一样，相位也不一样，声音的声压级因头部的遮蔽作用而有差异，这就是双耳效应。

2. 耳廓效应

人耳的轮廓结构比较复杂。当声源的声波传送到人耳时，不同频率的声波会由于耳廓形状的特点而产生不同的反射。反射声进入耳道与直达声之间就产生了时间差，我们把这种效应称为耳廓效应。

（三）“经验之塔”理论

“塔”中最底层的经验，是最直接最具体的经验，越往上升，则越趋于抽象。但并不意味获得任何经验都必须经过从底层到顶层的阶段，或下一层的经验比上一层的经验更有用。划分阶层，只是说明各种经验的具体与抽象的程度。教育应从具体经验入手，逐步过渡到抽象。有效的学习方法，应该是首先给学生丰富的具体经验。学生只记忆一些普遍法则和概念，没有具体经验作支撑是不行的。教育不能只满足于获得一些具体经验，而必须向抽象化发展，使具体经验普遍化，最后形成概念。

第二节　互联网时代英语教学实践探索

一、重视培养学生语言应用能力

（一）大学英语教学中的问题探讨

1. 师资短缺

近年来我国高校学生人数激增，师资短缺的问题日益突出。大学英语课程的师生比很不合理，沿用传统的教学模式和教学方法已很难完成如此繁重的教学任务。要达到《大学英语课程教学要求》所规定的教学目标，就必须改革传统的教学模式，通过改革来缓解师资短缺的矛盾，减轻教师繁重的工作量，使教师有更多的精力从事教学研究，提高课堂教学质量。

2. 教师在大班教学中过于依赖多媒体课件

在大班教学中，教师采用了与课本配套的多媒体教学课件进行教学。但随着时间的推移，大班英语教学逐步暴露出一些不足之处，教师过于依赖多媒体课件，在教学中很少加入自己的观点和看法，甚至对于课件中一些过时的或不太合适的例句不做任何改动，久而久之，学生逐渐对这种方式产生厌倦感。

3. 多媒体网络教学的优势没能在教学中得到充分发挥

虽然每周都为学生安排了网络自主学习时间，并且安排教师跟班指导，但学生网络学习的效果并不尽如人意。很多学生不能根据他们的实际学习需求进行学习，教师也不能完全适应这种新的教学方式。

4. 软硬件管理不到位

由于专门为英语教学服务的自主学习中心建设不完善，教学改革尝试都是借助于学校CAI实训中心进行，专门为英语教学服务的网络技术人员不足，因此在使用中出现问题时，往往得不到及时解决。新的教学软件应涵盖教学、学习、反馈、管理的完整过程，包括学生学习和自评、教师授课、教师在线辅导、对学生学习和教师辅导的监控管理等模块，能随时记录、了解、检测学生的学习情况以及教师的教学与辅导情况，体现交互性和多媒体性，而且应易于操作。

（二）深化个性化教学与自主学习模式

1. 采用新的教学模式

在采用大班教学之后，每位教师可以担任6个教学班的教学任务，但每一周的总课时数却减少为15个学时；同时，由于采取教师集体备课，相互交流等方式，减少了教师的重复工作，这也在一定程度上有助于缓解师资严重短缺的问题。

2. 制订符合实际的教学改革方案

在教学改革的组织和管理上，成立大学英语教学改革试点工作领导小组，统一协调、配置教学资源。按照《大学英语课程教学要求》和《大学英语教学指南》，确立新的教学评价模式，把学生的测评分为形成性评估和终结性评估两类。

3. 加大教师培训力度

(1) 组织教师认真学习、深刻理解《大学英语课程教学要求》和《大学英语教学指南》的各项内容，听取教学改革项目负责人介绍教改情况，并就我们在前期教改中遇到的问题以及所积累的一些经验与同行们进行交流。

(2) 购置相关书籍，订阅教育教学杂志供广大教师学习使用；组织教师进行教学研讨，组织公开教学，以此来增进教师间相互交流，提高业务素质。

4. 培养自主学习的能力

(1) 教学改革推广宣传情况：首先培训教师，使教师充分了解相关网络教学理念，利用多媒体课件进行宣传，介绍网络教学的目的、内容、具体学习方法以及《大学英语课程教学要求》和《大学英语教学指南》的主要内容。

(2) 加大对教师和学生网络学习平台的监管力度。由课题组指派一名管理员定期检查并在课题组内通报教师网络平台管理情况，协助任课教师上传教学内容，监督学生学习，管理相关教学文件。

二、英语网络教学体系的构建

(一) 大学英语教学现状

经过几年的教学改革尝试，全国高校已经积累了很多成功经验，确立了大学英语网络辅助教学模式，将课堂教学与网络自主学习有机结合在一起，极大地推动了大学英语教学改革的良性发展。然而，大部分大学英语教学改革方案中，在具体的教学过程中，主要采用“学生总评成绩＝平时成绩＋期中成绩＋网络自主学习成绩＋期末考试卷面成绩”的方法来去确定学生的最终学业成绩。但对于平时成绩和网络自主学习成绩的确定却没有一个统一的标准，老师们都是按照自己教学的实际情况来确定各项成绩的最终分数的，这对学生成绩评定的公平性有一定影响。

(二) 网络教学评价体系的设计

1. 构建评价体系的准备阶段

准备阶段是实施评价的预备阶段，它的工作质量将直接影响评价结果的质量。收集和学习网络教学评价的相关理论。在此阶段，系统性地研究了网络学习的特征、网络学习评价的基本理论、基于网络的建构主义学习环境的相关理论、教学评价指标体系相关理论和网络教学评价体系的特点和原则等相关理论。在研究中，课题组将主要采用问卷调查法、访谈和跟踪调查等方法以及其他量化统计方法。

2. 课题研究阶段

（1）对教师的评价

①对教师教学过程的评价

对教师教学过程的评价是一个主客观评价相结合的过程。其中一些要素是可量化的，可以通过一些数据显示出来，这一部分评价很容易实现。但另一些要素则必须要经历一个非量化评价的过程，究竟哪些要素可以成为评价指标在很大程度上决定着评价的有效性。

②对教师教学内容的评价

按照《大学英语课程教学要求》和《大学英语教学指南》中对网络多媒体教学的界定，网络多媒体教学将对大学英语教学起到辅助作用，是课堂教学的补充。

③教师运用多媒体网络技术的能力的相关评价

网络教学对教师教学能力和教学技术使用能力提出了很高的要求。在教学中，教师发现问题、分析问题和解决问题的过程能够帮助教师不断提高研究能力，促进研究水平。

（2）对学生的评价

①对学习者自身的评价。所谓对学习者自身的评价也就是对学习者个性化因素的评价，具体包括：学习水平、学习背景、学习动机以及以往的学习经历等方面。相关研究表明，网络学习者的学习方式、方法、积极性、参与度和网上学习时间等诸多方面均明显受到个性因素的影响。

②对学习方法的评价。学习方法是到达学习目的的途径和手段，是影响学生学习效果的重要因素。学习方法评价的主要内容是了解和识别学生采用的学习方法和策略，并在此基础上评价学习方法的优劣，对好的策略、方法给予鼓励并进

行推广。可以促使学生不断调整学习方法，提升学习效果，保证教学质量。

③对学习成绩的评价。学习成绩评价可以帮助学生更好地做出自我评价，激发学生参与在线学习的热情。网络学习的过程是一个动态的过程，它能更真实地反映出学习者学习的真实过程。通过对网络学习过程的评价，评价者可以很清晰地了解到学习者的学习态度、学习自主性以及他们掌握知识的程度。

④对学生能力的评价。《大学英语课程教学要求》明确提出了大学英语的教学目标是，培养学生英语综合应用能力，特别是听说能力，使他们在今后的工作和社会交往中能用英语有效地进行口头和书面的信息交流，以适应我国经济发展和国际交流的需要。而常规的考试根本无法将知识和能力的测试内容区分开测试，只能将测试大体分为：学业水平测试和能力测试两种。这种情况下，很难准确测试出学生的真实能力，大学英语教学目标中提出的培养能力就形同虚设了。

（3）对网络学习平台的评价

①内容评价。主要是对网络平台上学习资源的评价。评价学习资源可以从网络平台上提供的学习资源的数量、质量、资源的更新程度、学习资源的权威性以及是否涉及版权问题等方面来进行评价。

②技术评价。对网络学习平台模块设计的合理性和功能性的评价。模块设计的合理性应从模块设置、模块便捷性、可操作性、网络平台版面设计、色彩搭配等是否具有新颖性和个性化等方面来判断。

③效用评价。主要是对交互性和使用效果的评价。网站是否提供了交互的手段以及手段是否丰富，用户是否充分利用了这些手段实现交互。

三、英语教学过程中的合作与自主学习

（一）大学英语教学和网络自主学习的现状

1. 大学英语教学现状

（1）学生众多，教师压力大。如何加强师生的交流与配合，如何让学生对课堂教学产生兴趣是所有承担大班教学任务的教师要面对的难题。

（2）学生来源复杂，学习基础参差不齐，学习动机各不相同，教学难度和教

学进度难以统一，对学生个体关注不够，难以因材施教。

(3) 英语教师工作量普遍巨大，他们当中很多人教学手段单一，教学效率低下，课堂气氛沉闷，在一定程度上挫伤了教师教学的积极性。

(4) 由于时间和空间的限制，英语教学界所倡导的英语交际教学法在大班中难以得到有效运用，高效率的、生动活泼的课堂教学活动难以组织和开展。

(5) 虽然多媒体教学手段在大班英语教学中得到了普遍应用，但在多媒体教学课件的设计与使用的诸多环节上，教师缺少理论指导和专门训练，使得先进的多媒体技术无法充分发挥作用。

2. 网络自主学习现状

网络环境下的自主学习是指在教师的指导下，学生自行利用计算机网络提供的学习支持服务系统，主动地调控自己的元认知、动机，确定学习目标，选择学习内容，通过可选择的交互方式探究学习过程，实现有意义的知识建构的学习方式。按照“课程要求”，很多大学都建立了网络自主学习中心，努力培养学生的网络自主学习能力。但是，目前网络自主学习普遍存在学习效果不尽如人意，学习效率低下、自主学习意识缺乏、学生缺乏学习兴趣、网络学习资源不完善、媒体和网络的技术能力有限等问题。

(二) 课题研究具体实施方案

1. 研究内容

(1) 学习查阅大量参考文献，学习相关理论，包括合作学习理论、自主学习理论和建构主义学习观等。在掌握理论的基础上，进一步明确研究内容和研究路径。

(2) 确立多层次合作学习的模式和教学中所要采用的相应方法。首先，在教师与学生合作的过程中，采用一对多、一对一和多对一相结合的方式，使师生合作的方法灵活多样，提高合作的效率。其次，在学生与学生合作的过程中，采用大班大组合作、网络课小组合作的方式，改善大班课和网络自主学习课的弊端，提升学生的团队合作意识。再次，在教师与教师合作的过程中，采用科研合作与教学合作并重的方法，通过集体备课、充实教材、观摩教学、公开课点评，以及在教研组内组织学习和探讨有关合作学习的理论和方法、传阅交流学术期刊、留意英语教学和研究领域的发展动向、探讨学术论文写作、参加学术会议和研讨班等具体的教师间合作行为，实现真正意义上的多层次合作学习。

（3）确定评价和反馈方式。制订网络自主学习课和教师教学评价机制，使该评价机制真正起到促进学生自主学习能力和教师教学水平不断提高的作用。

（4）评测教师在合作学习过程中的行为效果。通过发放问卷、访谈等方式，评测教师在多层次合作学习中的行为效果。

2. 研究对象

将研究对象分为教师组和学生组。教师组为大学英语教学研究小组教师 5 人；学生组大学二年级非英语专业的 200 名学生，经过摸底考试，按照成绩和性别比例均衡的标准将学生分为两组，分别为实验组和控制组。两组学生由同一老师授课，使用同样的教材，授课时数相等，区别是实验组按照异质分组开始合作学习，而控制组不作要求。

3. 研究方法

主要研究方法包括资料收集法，问卷调查法，访谈，实验法，行为观察法。

（三）研究结果

1. 合作学习在大班课和网络课的实践

（1）课堂小组表现评价指标的制订

①学生的大班课堂表现评价指标：准确度，小组合作，学习态度，积极参与度，对课文的理解程度。

②学生的网络课程表现评价指标：学习效果，小组合作，学习态度，积极参与度，自我管理程度。

（2）课堂教学效果

①所有的同学上课都能积极参与小组讨论。

②为了得到“是否积极参与”项的分数，大部分组内同学都能非常积极地回答问题。

③回答问题的准确率大幅度提高。

④网络课程上小组成员通过网络平台的“小组讨论”模块进行在线讨论，增强了网络自主学习过程中的学生互动，改变了以前单一的人机交互的局面。

2. 实验结果分析

(1) 大班课实验结果分析

①测试结果分析

经过一学期的实验，课题组在学期末对实验组和控制组用同一套试卷做测试，并对测试结果进行独立样本检验，以确定合作学习与传统教学是否存在显著差异。结果表明：合作学习在提高学习成绩方面是有效的。从单项成绩来看，实验组的听力和翻译能力明显好于控制组。显然，在合作学习的情境下，实验组学生获得了更多的语言输入和输出机会。这表明系统而深入的集体预习、意义探讨和学生授课使学生对学习过的文本材料更为熟悉。授课时教师主要是对学生有疑问的内容进行讲解，对词汇和语法的讲解与控制组相比不够详细，这一结果反映出学生认知能力和自主学习能力仍有待提高。

②问卷结果分析

实验期结束后，课题组对实验组受试学生就大班课和网络课的合作学习状况进行了问卷调查。调查结果显示，在合作学习模式下，绝大多数学生对英语的兴趣有所提高；学生对小组合作的效果基本持肯定态度；学生认为自己在口语方面提高最为明显，其次为阅读能力；在元认知策略方面，学生普遍反映自己的自主学习能力有所提高。其中最大的问题是，有的学生认为评价方式的公平性有待提高，即有的组员参与活动不积极，却可以得到相同的小组分。

(2) 网络自主学习课实验结果分析

在实施合作学习的过程中，我们发现对于大班合作学习实验成果的检验可以通过测试的形式进行，但在评估学生的网络自主学习能力是否提高的问题上，我们似乎不能仅仅依靠一两次简单的测试来实现。常规的考试根本无法将知识和能力的测试内容区分开。因此，对学生网络学习成绩的评定应该包括学生所制订的学习计划、完成的作业或呈现出的合作学习的成果、参与网上学习的情况、考试成绩、作业、答疑、讨论等所有真实反映和检验学生在学习过程中所付出努力的行为效果。

第三节　网络环境与大学英语教学

一、网络环境下的大学英语教学模式

（一）大学英语网络教学模式的定义

在分析英语网络教学模式的定义之前，首先我们对教学模式以及网络教学模式的定义进行分析。根据对教学模式和网络教学模式的定义分析，我们可以将英语网络教学模式定义为“在一定教学思想和教学理论指导下、依托计算机网络技术、为达成一定的英语教学目标而构建起来的、较为稳定的教学活动结构框架和教学方式。”

（二）大学英语网络教学模式的构成要素

1. 教学理论

英语网络教学中最主要的理论依据是建构主义理论，建构主义注重以信念原有经验、心理结构为基础来建构知识。建构主义理论指导下的英语网络教学强调教师是指导和帮助学生学习的引导者和帮助者，不再是知识的灌输者；学生是自身认知结构的构建者，不再是被动的接受者。这些构成了英语网络教学模式赖以形成的思想基础。

2. 教学目标

教学目标是指在英语网络教学中，教学活动所要开展的方向以及预期要达到的效果。教学目标决定了网络教学模式的构建以及发展方向。

3. 技术环境

技术环境主要包括局域网、互联网、校园网、广域网以及计算机设备等，为英语网络教学提供一定的物质条件。网络教学模式的技术环境主要受到设备自身的性能以及信息传输条件等的制约。

4. 教学策略

教学策略是指在英语网络教学中所开展的过程与方法的总和。教学策略的选

择和使用涉及了教学模式的稳定运作。教学策略的不同，也会对教学模式的操作产生一定的影响。

5. 人机角色关系

人机角色关系中的“人”是指教与学的对象，即教育者和学习者。“机”是指计算机网络设备。英语网络教学中的人机角色关系主要包括两个方面：一是指教师与学生之间的关系，二是指教师、学生与计算机网络设备之间的关系。在英语网络教学模式中，不同的师生关系与计算机网络设备终端形成的相互作用关系相互交融，共同构建了特定的英语网络教学模式。

（三）大学英语网络教学模式的特征

网络教学模式在涵盖教学模式普遍特征的基础上，增加了网络信息技术应用的特征。正是由于计算机网络信息技术在教学模式上的应用使得传统教学模式发生了许多本质上的变化。

个性化可以从教师和学生两个角度出发，从教师方面来看，网络技术的应用为教师进行个性化的创造性教学提供了技术上的支持；从学生方面来看，网络为学生提供了大量的学习资源，学生可以按照自身的兴趣或具体的学习状况有目的地、自主地安排学习。自主学习化是指学生以计算机网络技术为媒介，自主安排学习计划、制订学习目标、选择学习内容、评估学习成果的学习活动。超文本化，属于计算机用语，在计算机领域是指一种软件系统，用户可以借助该系统实现文件或文本之间的快速移动。英语网络教学中的超文本化是指多媒体、超媒体、网络学习。

（四）大学英语网络教学的主要模式

1. 网络自主学习模式

网络自主学习模式注重个性化教学和自主学习。学生是整个教学的中心，教师只是起到辅助教学的作用。网络自主学习模式主要分为网络自主接受模式和网络自主探究模式。

2. 网络自主接受模式

网络自主接受模式的构成要素是：学生＋学习资源＋学习指导者，其中学习资源是指通过网络传输的，以计算机作为媒介呈现的视频、音频、图像、文本等语言资料，我们将其称之为网络课件，这里的学习指导者并不仅指教师，而是教师＋智能导师（计算机）。

3. 网络自主探究模式

在网络自主探究模式中，教师会给学生布置语言任务，如阅读某一文学作品后写感想，或翻译某段指定文本，或观看某一英语原版影片后写影评等。在学生完成任务的过程中，教师还会及时地通过邮件、英语学习软件（平台）等网络交流工具与学生进行交流，对学生提出的问题予以解答。

4. 网络任务合作模式

在任务合作模式中，教师的作用比较重要，首先教师要按照学生的语言以及综合能力水平等对学生进行分组，并提供必要的资源索引，在学生完成任务过程中，教师要及时对其出现的问题予以指正，协调小组合作时可能出现的成员矛盾，从整体上把控学生完成任务的进度，并在任务完成后开展组织评估工作。

二、网络环境下大学英语教学模式的优势

（一）有利于提供大量的学习资源

网络可以给学生提供大量的学习资源，并且这些资源的更新速度很快，因此具有时效性，其实用价值也相对较高。对于大学英语教学而言，英语教学十分注重学生所学语言的地道、真实、实用。与传统教学相比，网络教学具有非常明显的优势。由于传统的教科书的文化知识内容受版面的限制，常常很难满足学生对文化知识积累的需求，而快速、涉及范围广泛的网络可以不断地给学生提供全方面的文化知识，从而有效地提高学生自身的文化素养。

（二）有利于培养学生的听说能力

网络教学具有开放性和灵活性的特点，学生不需要太多的语言学习材料，只要有一台电脑，便可以随时随地地利用教学资源进行学习。传统的教学资料仅仅是文本与图片的结合，是静态的。而网络教学资料集文本、图片、音频、视频等多种媒体于一体，给学生的学习带来了完美的视听享受，丰富的语言学习材料、

生动有趣的动感信息增添了学习的趣味性。英语学科主要培养学生的听、说、读、写能力，而网络教学所提供的正是视听方面的教材。因此，相比其他学科，英语学科使用网络教学更能体现其优越性，也为学生个性的发展提供了更广阔的空间。

（三）有利于提供新的师生交流平台

网络教学能够扩宽师生的课下交流平台。学生可以通过论坛给教师或同学留言，可以通过发帖的形式提出问题或回答他人的问题。教师也可以通过平台的通知板块为学生提供学习建议，提出学习目标或是发布近期作业。

（四）有利于培养学生的自主学习能力

传统的英语教学主要是以教师为中心，采用的是灌输式的教学模式，主要以教师的讲解为主，学生只是被动地接受教师所传授的知识，学生的参与很少。长此以往，教师的语言表达技能得到了充分的训练，却逐步地削减了学生的自主性以及积极性。

网络教学中网络平台的使用合理地解决了这一问题。在网络教学中，学生可以通过操控网络学习平台，不受时间和空间的限制进行自主式的学习，自主选择课程，自主安排学习进度，并通过人机交流的方式进行语言练习。学生学习语言知识不再仅仅依靠教材和教师，而是通过网络自主学习，在构建自己的知识体系的过程中逐步地提高自身的综合语言水平。

三、网络与大学英语教学整合生态化环境

（一）生态学视角下的外语教学立体化互动模式探究

1. “互动”释义及互动教学的发展

“互动”指的是在一定的社会背景与具体环境下，人与人之间发生的各种形式、各种性质、各种程度的相互作用和影响。它既可以是人与人之间交互作用和相互影响的方式和过程，也可以指在一定的情境中人们通过信息交换和行为交换所导致的相互之间心理上和行为上的改变，从而表现为一个包含互动主体、互动情境、互动过程和互动结果等要素的动态和静态相结合的系统。经过 20 多年的

发展，互动研究已成为一个影响广泛的二语习得研究模式。在众多的二语习得模式中，甚至有人把它奉为当今二语习得研究的主流模式。

2. 传统外语教学互动模式的不足

（1）互动时间有限。

（2）互动空间狭窄。

（3）信息传递的途径单一。

（二）教育生态学视域下的现代信息技术与大学英语课程整合状况分析

1. 现代信息技术与外语课程教学整合的内涵及生态意义

从理论上讲，现代信息技术与外语课程教学整合是用整体的、联系的、动态的、持续的生态理念来审视外语教学系统中各种要素的关系，是对课程设置、教学目标、教学模式、教学评价等诸要素做系统的分析和整体的协调；从实践上讲，这种整合是在外语教学过程中把信息技术、信息资源、信息方法和课程内容有机结合，共同完成课程教学任务。整合需要科学的教育思想、理论框架与学习理念的指导，还需要有科学的研究方法、评价体系与调控机制予以保障。

2. 我国现代信息技术与大学英语课程整合的历史与现状

我国大学外语教育信息化变革的前沿是大学英语课程教学改革，其指导性文件《大学英语课程教学要求》不仅对教改目标、原则和理念等做了明确的规定，还着重提出了“基于计算机和课堂的英语教学模式”。这是我国外语教育史上首次以纲领性文件来确定现代信息技术在外语教学中的重要地位，从真正意义上提出了计算机及网络技术和外语课程整合的概念，拉开了变革的序幕。信息技术与外语课程的整合发挥了教育生态链的作用，即通过信息技术与课程教学的双向互动整合，来促进外语教育生态主体教师与学生、学生与学生之间关系的和谐共进，要遵循“以人为本”的生态化思想，构建交互动态的外语教学环境，从而有利于外语教育生态系统平衡、动态、良性发展。

3. 维护外语信息化教育生态系统平衡的运行机制

（1）区域生态建设机制

①文化建设要注重生态文化的生成，打破旧的传统教学观念，以生态化思考

重新审视教学系统中各要素的和谐共生关系，发掘各生态要素在这个生态系统中的合适位置，调整好各生态因子的生态位。

②制度建设要加大政府职能转变的力度，制定动态发展的内在动力机制和教育保障机制，以鼓励不同区域环境内学校自主与创新的发展，支持区域性大学外语教育生态更新的探索，从而保持教学与地域环境的平衡，避免我国大学英语教学在区域生态摇摆中不平衡发展。

（2）学校生态建设机制

①组织生态层面，要以提升群体生态机能为宗旨，组建教师职业发展与研究中心，关注青年教师职业成长需求，建立健全可持续发展的职前—职中—职后教师培训体制，切实提高教师掌握和运用信息技术的能力。

②制度生态方面，要协调好管理者、教师和学生的共生关系，制定自下而上的教学管理机制和互动评估机制，促进外语教学系统的生态主体的共同体发展。

③文化生态方面，在课堂教学中，教师应及时更新教学理念，综合运用多种方法进行教学，把学生看作探究真理的伙伴，让学生成为学习的主人，激发他们的学习积极性和自主性。加强有效的辅导和管理，为新模式的外语教学和学习创建开放的、互动的、兼容的内外部环境，努力培养学生自身的自主学习能力。

（3）课堂生态建设机制

①课堂生态系统的活力机制。构建彰显个性的课堂生态系统，不但需要消解教师的文化权威，而且需要尊重学生的个体差异，关注学生的个性化需求，教师和学生共同设计和开展形式各样的教学活动，真正实践“以学生为中心”的教学理念。

②课堂生态系统的结构机制。建立多维互动的课堂生态。重点是要调整好师生之间、生生之间互相联系和互相作用的方式。要重视情感因素在教学过程中的重要作用，努力营造轻松和谐的学习氛围，消除学生的焦虑紧张感和师生之间的距离感，最终实现一个互相依存、平等共生的生态型学习共同体。

③课堂生态系统的恢复机制。创设适度开放的课堂生态。注重课堂内外的立体联系，创造实用的外语学习认知环境和多元空间的社交网络。外语教师和学生

要敢于走出传统的平面课堂，进入由互联网、移动通信网搭建的数字化、网络化、智能化的立体课堂，来体验真实的语言世界，收获自我调控能力和终身学习的能力；要将学生的学习置于开放的生态系统中，强化课内的学习与实际运用的关联，注重课堂教学与外界社会的互动。

（三）大数据时代的语言生态逻辑

1. 语言生态观

生态学是一门研究有机体之间关系以及有机体与其周围环境之间关系的学科。语言生态观是指以生态学的视角和方法来看待和研究语言系统、语系等成员之间的关系以及语言与其所处环境之间的关系。语言生态研究涉及语言学和生态学两大领域，具有跨域性交叉研究的属性。

2. 大数据时代语言生态研究的机遇与挑战

（1）树立羊狼共舞的生态观

“语言生态学”目前还未形成一门独立的学科，没有专门的学科术语，也没有专门的研究机构和教育机构。国际语言学界目前通用的相近名称是“语言的生态学”和生物语言学，主要是借鉴生态学或生物学的原理来研究语言和语言问题。在大数据时代，本着“羊狼共舞”的生态观，完全可以利用高新技术手段对语言生态进行实时的调查和全设式的研究，动态考察地区乃至全球的语言生态，全面了解人类语言的结构变异和功能变化，进而为政府制定语言政策、为教育机构实施语言教育提供科学依据。

（2）大数据时代语言生态研究面临的挑战

大数据时代语言生态研究的另一挑战是数据技术人才的培养。大数据时代的技术人才需要大数据意识、大数据技术和大数据方法。培养大数据技术人才，除了树立大数据理念之外，还要重视数据采集能力、数据分辨能力、数据精算能力、数据整合能力、数据转换能力以及快速实施行动力的培养。

大数据时代语言生态研究很大程度上依赖语言数据采集与处理的技术性，从而忽视语言的生物性和社会性。自然语言是人类的专利，应该给予人类语言应有的生命观和社会观，即关注人类语言的基因和模因，尤其是后者。

第四节　现代教育技术与多媒体英语教学

一、现代教育技术辅助英语教学理论

（一）学习理论

1. 行为主义学习理论

（1）学习是刺激与反应（S－R）的联结过程，是反应概率的变化。

（2）反应有两种，即应答性反应（由刺激引发的反应）和操作性反应（有机体发出的反应）。前者是有机体被动地对环境做出反应，后者是有机体主动地作用于环境。

（3）学习应是小步子、自定步调、积极反应、及时强化的。强化是学习成功的关键。

（4）行为主义学习理论的特点是强调知识、技能的掌握，重视外显行为的研究。程序教学和教学机器是行为主义学习理论的产物。

2. 认知主义学习理论

（1）皮亚杰的认知结构学说

瑞士心理学家皮亚杰提出了著名的“认知结构学说”。为了说明这种内部的心理结构是如何变化的，皮亚杰首先引出了图式的概念。所谓图式，在皮亚杰看来就是人们为了应付某一特定情境而产生的认知结构。为了应付周围的世界，个体逐渐地丰富和完善着自己的认知结构，形成了一系列的图式。顺应就是同化性的结构受到所同化的元素的影响而发生的变化，即当有机体不能利用原有图式接受和解释新的刺激情境时，有机体就会对自身图式做出相应的改变，以适应新的情境。

（2）布鲁纳的认知发现学说

布鲁纳认为学习是一个主动形成和发展认知结构的过程。布鲁纳把认知结构称为“表征”，并认为表征有三种：动作性表征、映像性表征和符号性表征，这三种表征在儿童智慧发展中不断演变，经历了三个阶段。第一阶段，婴幼儿时期

（1至2岁），主要是依靠动作去对付世界；第二阶段（3至7岁），这时期儿童开始在头脑中利用视觉和听觉的表象或映像代表外界事物并尝试借助映像解决问题；第三阶段，大约从六七岁开始，这时个体能运用语言、数字等符号代表经验，同时应用这些符号来学习和获得经验。学习者通过这些表征，在内部建立对其知识的结构框架，这就是认知结构。新的学习就是将新的信息与原有的认知结构相联系，对其进行调整、补充，并在这个结构的指引下，完成对具体知识内容的认知。布鲁纳提倡发现学习，意在使学生尽量在轻松自由的气氛中，自行发现事物与情境之间的关系。所谓发现学习，是以培养探究性思维方法为目标，利用基本教材使学生通过一定的发现步骤进行学习的一种方式。

（3）奥苏贝尔的意义学习理论

奥苏贝尔的意义学习理论旨在直接解决学校知识教学问题，其理论内涵同时涉及学习、教学、课程三方面的问题。因此，一般认为奥苏贝尔的学习理论是最接近教育心理学的学习理论。内部条件指学习者需有意义学习的心向，即学习者积极主动地把符号所代表的新知识与学习者认知结构中原有的适当的知识加以联系的倾向性；外部条件是学习材料本身必须具有的逻辑意义。

3. 人本主义学习理论

人本主义学习理论在20世纪60年代开始盛行，其主要观点如下：

（1）学习是丰满人性的形成，其根本目的是人的自我实现。

（2）人生来就有学习动力，对世界充满好奇心。教师的基本任务是允许学习者按照自己的需要学习，满足他们的好奇心。

（3）有效的学习在于使学习具有个人意义。一个人只会有意义地学习他认为与增强自我有关的事情。信息对学习者是否具有个人意义，是信息保持的决定因素。

（4）学习者是学习的主体，应受到尊重。只有当学习者受到尊重时，他们才能更好地朝向自我实现的目标。

（二）教学理论

1. 赞可夫的发展教学理论

赞可夫是苏联心理学家、教育学家、教育科学院院士。赞可夫的发展教学理论的基本观点是：一是以最好的教学效果促进学习者的一般发展，应把一般发展作为教学目标；二是只有当教学未在发展前面的时候，才是好的教学，应把教学目标确定在学习者的“最近发展区”之内。

2. 布鲁纳的结构

布鲁纳的结构—发现教学理论的基本观点是：一是学习一门学科最重要的是掌握它的基本结构；二是任何学科都能用在智力上是正确的方式，有效地教给任何发展阶段的任何儿童；三是要学得好，必须采取发现法。布鲁纳的结构—发现教学理论的基本原则是：动机原则，结构原则，启发原则，反馈原则。

3. 巴班斯基的教学最优化理论

巴班斯基的教学最优化理论的基本原则是：方向性，科学性和实践性，系统性和连贯性，可接受性，激发动机，自觉性。积极性，独立性，各种方法最优结合，各种教学形式最优结合，为教学创造最佳条件，巩固性和效用性。

4. 加德纳的多元智能理论

人类思维和认识的方式是多元的，即存在多元智能：言语语言智能、数理逻辑智能、视觉空间智能、音乐韵律智能、身体运动智能、人际沟通智能、自我认识智能和自然观察智能。智力是在某种社会文化的价值标准下，个体用以解决自己遇到的真正难题或产生及创造出某种产品所需要的能力。每一种智能在人类认识世界和改造世界的过程中都发挥着巨大的作用，具有同等的重要性。每个学习者都或多或少地同时具有上述八种智能，只是其组合的方式和发挥的程度不同。每个学习者都有一种或数种优势智能，只要教育得法，每个学习者都能成为某方面的人才，都可能获得某方面的专长。

（三）视听与传播理论

1. 传播的概念和类型

（1）人际传播

人际传播是个人与个人之间的信息交流活动，包括面对面的直接传播和以媒体为中介的间接传播。直接传播主要是以语言表达信息，或用表情、肢体语言来强化、补充、修正语言的不足。间接传播是以媒体为中介，如运用电话、电报、电视、书信等进行信息交流。人际传播的目的包括以下两点：第一，沟通。通过交流，不仅使自己了解别人，也能使别人了解自己，达到相互了解、建立和谐关系的目的；第二，调节。在传播过程中，通过了解别人对自己的各种反应，不断调节自己的行为和生活态度，使之符合社会需要。

（2）组织传播

组织传播是组织与组织之间、组织内部成员之间的信息交流活动。组织是一群相互关联的个体的组成，每一个人都属于一定的组织。

（3）大众传播

大众传播是传播者用专门编制的内容，通过媒体，对广大受众进行信息交流的活动。在大众传播中，传播者不是某个人，而是有组织的传播机构，如报社、广播电台、电视台等。传播的内容是经专门人员，根据预定的计划编写、设计、制作的，内容涉及的范围很广泛，运用的媒体有报纸、书刊、广播、电视等，受众是广大人群，包括各种职业、各个阶层、不同文化程度的个体。

（4）教育传播

教育传播是由教育者按照一定的要求，选定合适的信息内容，通过有效的媒体通道把知识、技能、思想、观念等传递给特定的教育对象的一种活动，是教育者和受教育者之间的信息交流活动。与其他传播活动相比，教育传播具有以下特点：一是明确的目的性。教育传播是以培养人才为目的的活动。二是内容的严格规定性。教育传播的内容是按照教学计划和教学大纲的要求严格制订的。三是受教育者的特定性。四是媒体和传播通道的多样性。

（5）网络传播

网络传播既是对传统传播的一种继承，又具有以下自身的特征：一是传播的数字化。二是传播的互动性。三是传播的快捷性。网络传播省略了传统媒体的印刷、制作、运输、发行等中间环节，发布的信息能在瞬间传递给受众，而且网络传播的内容可以方便地实现刷新，在内容上具有极强的时效性。四是信息的大容量。互联网实现了在线资源共享，任何资料库内的信息资源只要联网，都可以成为公众的共享资源。五是检索的便利性。利用搜索引擎或新闻站点等多种检索方式，可以快速地获得自己所需要的信息。六是媒体的综合性。网络综合了报纸、广播、电视等传统传播方式，将文字、图片、声音、图像综合为一体，为公众提供全方位的信息。七是信息的再生性。网络中传播的信息可以复制或打印，成为个人信息。

2. 传播模式

传播学者研究传播过程，都毫不例外地把传播过程分解成若干个要素，然后用一定方式去研究这些要素之间的相互联系与相互作用，这样就构成了多种多样的关于传播过程的模式。

二、现代教育技术与现代英语教学

（一）现代教育技术在现代外语教学中的历史与发展趋势

1. 现代教育技术在现代外语教学中的发展简况

(1) 就我国教育技术使用的国情而言，在高等学校和重点中学使用最多的还是语言实验室。这些语言实验室组合了多种媒体，形成了一个语言学习系统和语言教学系统。这类语言实验室成了中国外语教学最实用、最常见的教育媒体。目前对语言实验室的分类还很难统一。从信息传播的角度来看，语言实验室的类型有综合电化教室、多媒体演播室、多媒体 CAI 教室、AACV 型语言实验室、闭路电视教学系统、视听阅览室和多媒体阅览室。从功能和装配上区分，语言实验室又可以分为 9 种：听音型语言实验室、听说型语言实验室、听说对比型语言实验室、视听型语言实验室、遥控型语言实验室，流动型语言实验室、学习型语言实验室、携带型语言实验室和无线电发射型语言实验室。从信息流形式来区分，语言实验室分为模拟语言实验室和数字语言实验室。数字化语音实验室是在网络交换的基础上，首先将要传输的信号转化为数字信号，再通过标准的网络协议，传送给学生终端。模拟型的语音室在外语教学中曾经发挥过巨大作用，但由于其固有的一些不足，必将为数字化语音室这种全新的语言实验室所取代。数字化代表了语言实验室的发展方向，有着无限美好的前景。

（2）外语教学离不开外文信息资料的获取，卫星接收设备必不可少。作为传统的接收方法，卫星接收广泛应用于外语院校，通过传统的终端录制设备，把节目接收下来，进行编辑处理，供外语教学作为教学资料利用。

现代教育技术是在传统教学和电化教学的基础之上进行的教学方法和教学手段的改造和创新，是根据不同的教学内容和教学对象而选择不同的教学媒体。现代教育的根本特点就是将最先进的信息技术手段通过教育技术理论的指导，融入教学中去。针对现代教育技术的快速发展及传统外语教学与社会发展之间出现的不相适应的现状，将信息技术和外语教学有机地结合在一起，经过整合后发挥出来的增值优势，改变了大学外语教学中的教学方法与手段，大大地提高了外语教学质量。外语教育不仅是国际交流的需要，而且是素质培养的要求。通晓外语已经成为高级人才的基本素质之一。随着互联网的飞速发展，外语素质还会进一步成为全民性的要求，现在外语素质已经被联合国确定为衡量一个民族文化水平的标志之一。

2．现代教育技术在现代外语教学中的优势

（1）现代教育技术在现代外语教学中的应用有助于学生个性化的发展

在传统的外语教学中，无论是教学手段还是教学方法都是单一的，主要是通过教师的口头讲解和纸质教材，来向学生传递各种语言知识，长此以往的教学很难刺激学生的学习兴趣，学生的学习行为只是被动的、僵化的，不利于学生个性化的发展，而现在我们可以运用现代教育技术手段来辅助外语教学。在实践教学中，教师可以充分使用教育技术设备，根据学生的不同个性、不同层次，设置难易不同的学习内容，存储于网络服务器中，学生可以随时调用资源。

（2）现代教育技术在现代外语教学中的应用可以使教学形式更灵活、教学活动更生动，有利于提高外语教学质量

在外语教学中，特别是外语实践课的教学中，传统教学方法就是由教师在课堂上通过反复的示范，口耳相传，学生感性地模仿。现在我们通过应用多媒体技术，在语言实验室里采用语音训练教学软件，让学生在显示器上看到通过三维技术做出来的发音位置结构演示，动态的演示口型和舌位的变化过程，还可以看到

静态画面。这样学生自己通过反复观看和模仿，就可以准确地了解发音部位和技巧，找到正确的发声感觉，从而为练就一口流利纯正的外语打下坚实的基础。

（3）现代教育技术在现代外语教学中的应用，有利于提高学生的外语交际能力

外语教学的目的，不仅仅是要向学生传授语言知识，更重要的目的是培养和提高学生运用外国语言进行交流的能力。在教学过程中，利用音频技术和多媒体技术营造出逼真的交际环境让学生产生身临其境的感觉，有助于激发学生的学习欲望，使学生主动参与到教学实践中，由被动变为主动，提高口语表达能力。通过活泼多样的教学方式，将学与练有机结合起来，对学生能力的提高会起到事半功倍的效果。

（4）现代教育技术在现代外语教学中的应用，有利于师生间的沟通，有利于学生间的协作学习

现代教育技术在外语教学过程中的辅助作用，可以使学生进行发现式和钻研式的学习。这样形成的学习环境具有强大的联结功能，分处异地的教师和学生都可以参与到交互性的学习讨论中，通过教育技术手段搭建的交流平台，发表学习心得，进行知识的传输和交流，真正体现出群体协作、合作学习的优势。学生通过扩大交流，可以在学习中摆脱被动的学习方式，发挥主动性和创造性。

（5）现代教育技术在现代外语教学中的应用，有利于外语教学资源库的建设

外语音像资料建设的成功与否，关系到外语教学质量的好坏。高等学校是培养外语人才的摇篮，利用现代教育技术充分发掘丰富的、具有强烈视觉冲击性的外语信息资源，建设多方面、多层次、具有时代特点的外语音像资料库，对培养具有时代性、前瞻性的外语人才有着重要的意义。

3. 现代教育技术在现代外语教学中的发展趋势

（1）网络化趋势

现代教育技术网络化的最明显标志是互联网应用的急剧发展。现代教育技术的网络化趋势也主要表现在两大方面：即国际互联网应用的迅速发展和卫星电视网络的飞速发展。基于互联网环境下的教育体制与教学模式不受时间、空间和地

域的限制，通过计算机网络可扩展至全社会的每一个角落，甚至是全世界，这是真正意义上的开放式大学；在这种教育体制下，每个人既是学生又是教师，每个人可以在任意时间、任意地点通过网络自由地学习、工作或娱乐。由于是基于信息高速公路的多媒体教育网络，所有这些都可以在瞬息之间完成，你所需要的老师、专家、资料和信息，都是远在天边，但又近在眼前。这种教学模式是完全按照个人的需要进行的，不论是教学内容、教学时间、教学方式甚至指导教师都可以按照学习者自己的意愿或需要进行选择。

（2）多媒体化趋势

①多媒体教学系统

与应用其他媒体的教学系统相比，多媒体教学系统具有以下优点：多重感官刺激；传输信息量大、速度快；信息传输质量高、应用范围广；使用方便、易于操作；交互性强。

②多媒体电子出版物

多媒体技术除了可直接应用于教学过程之外，在教育领域还有另一方面的重要应用，这就是以CD－ROM光盘作存储介质的电子出版物。

（3）愈来愈重视教育技术在外语教学中应用的理论与实践研究

近年来，国际教育技术界在大力推广应用教育技术的同时都日益重视并加强对教育技术理论基础的研究，一方面重视教育技术自身理论基础的研究，另一方面加强将认知学习理论应用于教育技术实际的研究，同时专家学者们就如何更大、更优地发挥现代教育技术在外语教学中的应用与成效，如何结合现代教育技术的基础理论和实践在外语教学中开展更为深入的应用等方面进行深入的理论和实践研究，并已初步取得较为丰硕的研究成果。

（4）愈来愈重视人工智能在外语教学中应用研究

智能辅助教学系统由于具有“教学决策”模块、“学生模型”模块和“自然语言接口”，因而具有能与人类优秀教师相媲美的一些功能。

（5）应用模式多样化

不同国家对教育技术的应用也不是同一模式、同一要求，而是根据社会需求和具体条件的不同划分不同的应用层次，并采用不同的应用模式。常规模式不论是我国还是在发达国家，在目前或今后一段时间内，仍然是主要的教育技术的应用模式，尤其是在广大中小学更是如此。在重视“常规模式”的同时，应加速发展“多媒体模式”和“网络模式”，这是现代教育技术发展的方向和未来。

（二）现代教育技术环境下外语教学的变化

1. 现代教育技术对教师的影响

现代教育技术能极大地减轻教师的工作量。在传统教学中，面对几十个学生的大课堂，在有限的几十分钟内，教师很难引导学生展开深入讨论，而且不能让学生逐个进行课堂操练，课外还要批改大量的作业，这直接导致了教学效率的低下，教师和学生都产生厌烦情绪。

首先，教师要掌握多媒体软件制作技术。在软件的应用上，要体现以学生为主体、教师为主导的原则。教师再也不是知识唯一的拥有者，而是由知识的讲解者、传递者变成学习资源的组织者、学习方法的指导者。他必须具备敏感的捕捉信息与有效分析信息的能力，并且具备信息组织的个人特点，这样才能在网络化的教学中起引导作用。教师的任务不仅仅是传授知识，也不仅仅是指导学生如何学习，而要为学生提供各种学习的资源，提供一种促进学习的气氛，让学生自己决定如何学习。

2. 现代教育技术对学生的影响

（1）学习方式

基于现代教育技术的外语教学突破了传统的以教师为中心的教学方式，建立起以学生为主体的教学模式，促使学生变被动消极学习的过程为主动积极参与的过程，学生成了学习的主人。在这种学习过程中，学生利用现代教育技术教学系统创设的学习环境进行人机、师生、同学间的交流，教师成了指导者、帮助者，使学生减少紧张感、枯燥感，有了更多练习机会，增强学生的自信心，充分发挥了学生的主动性、积极性，有利于提高学习效率。

（2）学习渠道

现代教育技术创造的模拟外语交际环境，可以使学生模仿计算机中的人物发音，或参与到其中的人物对话中去，并可及时得到关于自己语句内容、语音语调正确与否的反馈。多媒体辅助外语教学注重学生的个体差异，给学生一个轻松愉快的学习环境。程度高的同学可以跳过自己已掌握的知识，直接进入自己想学的内容，加快学习速度，多获取一些信息。基础差的学生可以根据自己的情况调整学习节奏，而不必担心自己会被老师提问，或害怕答错题而被同学嘲笑。

(3) 学习观念

在信息社会里，新的思想、新的观念及新的行为方式充斥着社会的各个领域，其中对教育的影响尤为明显。新旧知识的更新之频繁，信息传播速度之快、范围之广，使得学生在传统的学校教育所学的知识、技能已经不能完全适应信息社会发展的要求；计算机、多媒体技术、通信技术、网络技术等不断深入到教育领域，应运而生的现代教育技术使得传统意义上的学习观念大为转变，取而代之的是自主学习、网络学习、终身学习。

三、多媒体英语教学及教学设计

(一) 多媒体外语教学

1. 多媒体外语教学的基本定义

多媒体外语教学是指“以计算机技术为主导、涵盖多种媒体的教学方式：一方面教学主体借助多媒体光盘和网络教学资源获得学习内容；另一方面教学活动中也会吸取并发挥包括图书、磁带、幻灯片、电子白板等在内的多种媒体的特点和优势，形成合力，构建出真正意义上的立体化外语教学体系”。

2. 多媒体环境下外语教学的特点

(1) 教学信息及教学方式的立体性。多媒体技术集成性、交互性等特点导致信息的立体性和应用的立体性，有利于学习者多维度的认知和语言综合应用能力的培养。外语教学借助多媒体技术手段，多种类型的语言信息通过多通道的输入、存储、处理、输出，可以让学习者置身于虚拟现实的语境中，向学习者提供大量的视觉和听觉接触信息的机会，通过对多维度信息的多途径利用，以立体的方式进行听、说、读、写、译的基本语言能力学习、训练和语言实验、研究。

（2）教学方式和学习方式的自主性。软件和网络技术使多媒体具有控制性、非线性、便利性等特点，此环境下的外语教学提供了能更有效和更高效地达到教学目标的多元化教学方式和学习方式。这有助于个性化教学，教师根据教学指导思想选择教学方式，尤其有助于实施以学生为中心的教学。

（3）教学资源的共享性。网络多媒体技术使数字化的信息轻易实现资源共享，可以改变各自为战的教学格局，为教学的集约化发展提供了条件。教师之间、师生之间、学生之间、班级之间、学校之间等均可以按需要进行教学资源的共享，从而避免了许多劳动的浪费，减轻了教与学的工作强度，甚至可以远程教学来实现师资共享、课程共享、学习合作伙伴共享等。

（4）教学管理的辅助性。多媒体环境下的外语教学还具有强大的管理功能和教学辅助功能。通过网络教学平台等途径给学习者提供各种状态数据，包括在线自主学习、在线练习、在线测试所产生的原始数据和分析数据，教师可以及时、全面、具体地了解教学变化，针对性地进行教学决策调整和对个体学习者的指导或辅导，同时，教师可实现对庞大数据支撑的形成性评估与终结性评估相结合的教学评价体系的实施。

3. 多媒体技术在外语教学中的应用

（1）多媒体语言实验室。多媒体技术改变了传统语言实验室的所依赖的核心技术，即采用数字技术替代了模拟技术，从而使语言实验室具备了更强大的功能，集语音实验室、自主学习室、声像编辑室、电子阅览室、视听实验室、模拟训练室、声像资料室等多种语言实验功能于一体。

（2）多媒体教室。多媒体教室是在教室中安装了多媒体设备，主要分为单机型和网络型两类，基本配置包含多媒体计算机系统、放大显示系统、音响系统，可扩充设备包括实物展示系统、电子白板等根据教学需要增添的外围设备。

（3）多媒体网络教学平台。多媒体网络教学平台是指基于多媒体和网络技术的教学及管理系统，其教学基本功能包括课程教学、自主学习、教学资源、在线辅导、在线测试等，其管理基本功能包括课程教学管理、形成性评价、课程或专业教学资讯等。

（4）多媒体应用软件。多媒体应用软件是指运用计算机语言和多媒体技术针对单机或网络环境设计的外语教学软件。

（二）多媒体外语教学设计

1. 多媒体外语教学设计的概念

（1）教学设计是把教学原理转化为教学材料和教学活动的计划。教学设计要遵循教学过程的基本规律，选择教学目标，以解决教什么的问题。

（2）教学设计是实现教学目标的计划性和决策性活动。教学设计以计划和布局安排的形式，对怎样才能达到教学目标进行创造性的决策，以解决怎样教的问题。

（3）教学设计是以系统方法为指导。教学设计把教学各要素看成一个系统，分析教学问题和需求，确立解决的程序纲要，使教学效果最优化。

（4）教学设计是提高学习者获得知识、技能的效率和兴趣的技术过程。教学设计是教育技术的组成部分，它的功能在于运用系统方法设计教学过程，使之成为一种具有可操作性的程序。

2. 多媒体外语教学设计的基本步骤

（1）教学目标分析

在进行教学设计时，通常课程教学目标是已定的，为了实现总的教学目标，应该对它进行分析并分解，构成一个教学目标体系。

（2）情景创设

根据教学目标体系中的分解目标，对应地设计教学情景，以多媒体辅助进行情景创设，以便教学内容信息在真实或虚拟的情景中传递。

（3）信息资源设计

根据教学目标体系中的分解目标，对应地分析信息资源，结合所创设的情景，对信息资源进行分配、管理，并运用相关的学习理论，根据教学需要提出利用方案，即直接利用或是处理后利用，以及需要处理的信息应该如何处理。

（4）自主学习设计

教师应该为学习者的自主学习做好任务设计和自主学习方法指导设计，主要包括目标、内容、计划、环境和自评等要素，其中环境要素中要对多媒体环境的有效利用进行指导设计。指导学习者在适当的情况下，充分开展合作学习。

（5）合作学习环境设计

合作学习环境的设计主要是指如何针对教学目标、内容和学习者的实际情况进行多媒体教学条件和环境有效利用的方案设计。

（6）学习效果评价设计

在以学生为中心的建构主义教学模式下，教学评价（即学习效果评价）应该包括形成性评价和终结性评价两部分，其中形成性评价要具体、细致，这在多媒体环境中不难做到。形成性评价中，应该包括学习者自我评价、学习伙伴相互评价和教师对学习者的评价。

（7）强化练习设计

根据教学目标，对与主要教学内容相关的知识和技能，应该充分利用多媒体条件和遵循多媒体教学原则，设计出效率高、效果好的强化练习。

第四章　高校英语教学的未来发展

第一节　个性化教学

李如密教授曾撰文指出：“个性化教学是指教师以个性化的教学手段，满足学生个性化的学习，并促进个体人格健康发展的教学活动。”

个性化教学是指通过对教学对象的相关差异进行综合调查、测试分析、诊断，依据学生的学习基础、学习能力、学习心理等方面的差异，使教学内容、教学形式差异化，对不同的学生采用不同的教学方法，以促进学生的充分发展是为了适应社会经济和高等教育的发展。近年来，个性化教学模式在大学英语教学领域逐渐得到重视，对大学英语个性化教学提出了明确的要求，如教育部在《关于开展大学英语教学改革试点工作的通知》中强调，要“充分利用现代教育技术，构建个性化的大学英语教学模式”，突出个性化。《课程要求》规定“课程设置要充分体现个性化，考虑不同起点的学生，既要照顾起点较低的学生，又要给基础较好的学生有发展的空间，既要保证学生在整个大学期间的英语语言水平稳步提高，又要有利于学生个性化的学习，以满足他们各自不同专业的发展要求”“各高等学校参照《课程要求》，根据本校的实际情况，制定科学的、系统的、个性化的大学英语教学大纲，指导本校的大学英语教学”。一些学者也呼吁对大学英语进行个性化教学改革，并在个性化教学方面进行了初步实践探索，如对基于网络的大学英语个性化教学的探究，通过选修课来进行大学英语个性化教学的研究。由此可见，对大学英语个性化教学的研究常常是结合某个教学工具某个教学条件来进行的，对于大学英语个性化教学模式如何建构这样一个常态问题，还缺乏广泛研究。笔者认为，建构大学英语个性化教学模式，应该解决以下的问题：

①学生个体差异数不胜数，哪些个体差异对英语个性教学模式最有价值。②区分了学生的个体差异后，面对各差异群体，如何充分利用学校的各种条件，来有效地实施个性化教学。本研究对上述问题进行了初步探索。

一、个性化教学的理论基础

（一）建构主义理论

个性化教学的理论根据之一是建构主义，人类是在已知和未知之间寻求平衡的过程中对外界进行认识的。要实现这种平衡，必须通过同化和顺应，人类的认识是在“平衡——不平衡——平衡”的连续循环中得到不断的提高、丰富和发展，从认知结构的性质与发展条件，人类社会环境对心理发展的影响以及个体的主动性在建构认知结构过程中的重要作用等方面进行大量研究，最终形成了比较完整的建构主义理论，从此建构主义才能够具体地应用于教育教学。建构主义认为，学习是学习者一个建构过程，在这个过程中，新知识学习与学习者原有知识经验进行双向作用，并不是一个单纯的从外到内的单向信息导入。具体而言，学习者是在原有知识或经验的基础之上构建知识，并加强对新信息和新知识的掌握，既然学习者的学习依赖其原有的知识或经验，那么，这就要求在英语教学中进行个性化教学，因为个性化教学才能针对各个学生的不同知识经验，才有利于学生在学习过程中主动、积极地去学习。

（二）多元智能理论

多元智能理论由美国心理学家加德纳教授提出。该理论认为，智能并不是指传统意义上的语言和数学能力，人类的智能类型有语言、逻辑、空间、运动音乐、人际交往内省和自然探索等。不同的人拥有这些智能的程度不同，发挥智能的能力有异。人的智能发展好坏，关键在于其所受的教育和训练。多元智能理论论证了教育个别化的必要和可能；教师要促使学生发挥各自的智能优势，增强其语言学习的成功感；调动其合作学习和自主学习的兴趣。

二、个性化大学英语教学模式的建构

个性化大学英语教学的有效实施，需要学生、教师、学校甚至社会的全力合作才能完成。单靠某一方面的力量，很难使个性化教学取得成效。具体而言，就是要动员这些方面的力量组成个性化教学指导部，下设个性化教学校内教师协作组、个性化教学校外专家组等。

（一）建立个性化教学指导组织

个性化英语学习指导组织的建立，首先能从制度上规范英语个性化教学的实施，从而保证个性化教学持续开展。大学英语个性化教学指导组织的职能如下：就个性化学习的计划方针以及学生个性化学习开展中的问题、应对策略等问题，指导个性化英语学习的可持续开展。此外，个性化教学指导组织还负责了解联络和组织校内、外教师和专家，成立个性化教学组，并根据不同的差异性学生群体，分配不同专长的教师和专家进行针对性的指导。

（二）建立个性化教学校内教师协作团体

建立校内教师协作团体，可以从多角度多层面评价和指导学生。大学英语个性化学习的状况，为学生个性化大学英语学习提供有价值的信息和资料。由于教学分工不同，新老教师的教育教学素质的差异，开展大学英语个性化教学必然要求教师组成个性化学习指导协作团体，教师之间取长补短，相互配合。另外，个性化教学所需的学习资源也必须通过教师合作去完成。可以说，教师协作是发挥英语个性化教学指导作用的重要保证。

（三）建立个性化教学校外教师协作团体

建立校外协作团体目的在于使学校与社会相沟通，有效利用社会中的各种专门英语人才为学校的英语个性化教学服务。可以以学校和大学英语教研室的名义，与多个校外或兄弟院校的英语教研机构、英语教育教学专家建立联系。因为在个性化大学英语学习过程中，个体的学习活动表现出多面性和复杂性，要求指导者有比较高的专门知识和专门技能。但是，校内英语教师对某些学习领域的技能和知识达不到这样的要求，需要借助社会专门人才的力量。因此，必须建立学校与社会互动的校外协作体制。大学英语课程设计中，应该积极寻找个性化教学和集体教学的有机结合点，一方面，使个性化教学表现为有组织，即保证个性化教学的时间；另一方面，在集体教学的过程中，加强对重点学习内容、学习方法进行个别化指导，如让学生能够支配更多的学习时间，促使学生学习感兴趣的内容，保证学生的学习既有宽松的环境又有丰富的素材。例如，为了实现个性化教学和学习，某高校大学英语教学体系分为三个主要部分："课堂教学""课外教学"和"测试与评估"。大学英语教学过程中，课堂教学是教学过程的核心，包括"大学英语课程""专业英语课程"两类，大学英语课程针对英语语言、文化学习而设计，适用于全校所有非英语专业学科学生，分综合基础课和专项选修课两类。学生在完成基础课学分要求的同时，可自主选择专项选修课程。课外教学包括自学活动、答疑辅导、各类英语竞赛，它是课堂教学活动的补充和延伸，也是整个教学环节的重要组成部分。

三、个性化英语教学的新方法

（一）语法翻译法

语法翻译法起源于16世纪拉丁语教学法。在交际法引进之前，一直在我国外语教学中占主导地位。其主要特点为：侧重阅读能力的培养；重视语法教学；充分利用和依靠母语，反复进行母语和外语互译。

（二）听说法

听说法又称句型教学法。听说法认为在教学中应该：听说领先；反复操练，形成习惯；教学以句型为中心；尽量避免母语；重视培养学生外语思维习惯；尽量避免和消除学生的错误。

（三）情境教学法

情境教学法是教师根据课程内容，利用实物、图片、电教设备、动作表演及学生的真实心理，要求学生根据实际情景进行交际学习，面对复杂多变的因素作出独立的判断和灵活的应对。它的核心在于激发学生的情感，方法是在教学过程中，教师有目的地引入或创设以形象为主体的情景，从而引起学生的态度体验，进而帮助学生理解教材，使学生的心理机能得到发展。它的基本步骤是：提出情境，学习语言；书面练习，巩固结构。在情境法的课堂上，英语是教学语言，教师应用英语组织教学、解释语言项目和布置课下作业。但在解释语言词汇或结构时，如碰到一些难以解释的项目，教师也可使用母语讲解，但教师不鼓励学生使用母语。

（四）交际教学法

交际教学法产生于20世纪70年代初期，是西欧培养语言交际能力的一种教学体系。交际教学法主张外语教学内容的安排需针对外语学习者对外语的特定需要，认为语言的社会交际功能是语言的主要功能，强调以语言的功能意念和交际活动为内容，可见，交际教学法是培养学生外语的交际能力的。“交际能力”是美国社会语言学家海姆斯首先提出来的，他认为一个学习语言的人不但应该有识别句子是否合乎语法规则的能力和造出合乎语法规则的句子的能力，他还必须懂得怎样恰当地使用语言，即懂得针对不同对象在不同的场合、不同的时间使用不同的语言。

交际法的教学方式要求以学生为中心，强调师生、生生间的互动，学生主要是以交际者的身份参加学习。但教师的作用不能忽视。他是组织者，需要安排全班的教学活动。同时也是交际者，不时会与学生用外语进行交流。可见，交际教学法的核心就是丰富教学内容，组织课堂活动，让学生通过交际学习外语。

（五）任务型教学法

任务型教学是20世纪80年代以来西方英语教育的发展成果。它以具体的任务为学习动力和动机，以完成任务的过程为学习过程，以展示任务成果的方式来体现教学成就。这一教学法要求，教师在教学活动中围绕特定的交际和语言项目，设计出具体的、具有可操作性的任务，学生通过表达、沟通、交涉、解释、询问等各种语言活动形式来完成任务，以达到学习和掌握语言的目的。

因此，无论从教学目标，还是从教学模式来看，任务型教学综合了传统教学法和交际教学法的优势，有其独特的吸引力。在任务型教学活动中，在教师的启发下，每个学生都有独立思考、积极参与的机会，易于保持学习的积极性，养成良好的学习习惯，帮助学生获得终身学习的能力。任务型教学的基本步骤是：导入；前任务；任务环节；后任务；作业。

（六）互动教学法

互动教学法也称交互教学法，在教学过程中，通过教师和学生之间积极主动的双向交流来完成教学计划，实现教学目的。互动教学法尽可能地给学生提供操练的机会，注重提高学生的学习兴趣，更重要的是让学生消除消极被动心理，参与教学，进而加强学习的主动性和能动性，提高学习的效率。

互动教学法强调，在语言教学中，一方面以语言习得和教学理论为指导；另一方面，教师要根据自身的特点、学习者的个体差异，坚持以学生为中心，以教师为主导，最大限度地满足学生对知识的需求，给学生创造出一种轻松、自由、愉快的课堂气氛。教师还要激发学生的求知欲和学习兴趣，拓展个性的空间，这些都有利于学生语言能力的提高。但在互动教学中，教师要注意课堂话语，这不仅是教师执行教学计划的工具，还是学生语言输入的一个重要来源。同时，教师在课堂上要有得体的提问，这种方式能够突出重点，提高教学效率，并且提高学生学习的主动性和积极性。学生间小组互动也是开展互动教学的常用形式，它可以使学习者个体在课堂上有更多的实践和机会练习使用目的语。

（七）合作型教学

合作学习是指学生在小组学习中从事学习活动，并以小组的总体成绩为奖励依据的教学理论策略体系。合作学习理论的重要代表人物美国约翰霍普金斯大学的斯莱文教授，他认为合作学习就是教学上运用小组，使学生共同活动以最大限度地促进他们自己以及他人的学习。所以合作型教学法强调通过小组内学习者之间的合作完成任务，它给学习者提供一个共同学习的环境，鼓励学习者相互帮助，提高学习者个人的学习效果，并达到团体的学习目标。

合作学习教学模式可以解决大班教学中的各种问题，但是如果教师操作不当会出现教师一头热、学生不响应的尴尬局面。所以教师要特别注意以下几个环节的操作。

1. 合理分组

合理分组是小组合作学习的首要环节。教师应充分发挥其引导作用，促进小组成员间互相帮助、相互支持、相互鼓励。

2. 灵活组织课堂活动

教师在安排教学活动时，要使每个成员都意识到他们的状态会引起其他组员状态的变化，他们要以合作的方式才能完成任务。合作教学中的主要活动包括角色扮演、话题讨论、小组竞赛、切块拼接等。切块拼接常使用于课文学习，教师将课文分割成不同片段作为学习资料，各小组承担不同片段的学习讨论，然后各小组轮流交流学习的收获，激发小组成员彼此之间的学习动机和兴趣。

3. 科学评价

为确保合作学习教学模式的顺利进行并取得预期目的，对小组合作学习效果进行科学的评价也是不可缺少的。由于学生分组进行合作共同完成活动，每个学生不仅要学到所教授的知识，而且还有责任帮助其他同学学习。在活动过程中，全组同学有分工、交流、合作，每个人的贡献都对小组的最后成果起作用。通过小组合作学习，学生达到学会求知、学会做事、学会合作、学会做人的目的。

（八）自主学习型教学法

当代外语教学越来越重视学习者的主体地位，外语自主学习已经成为外语教学与研究的热点。国外自 20 世纪 80 年代初，关于语言自主学习的研究成果层出不穷。国内对外语自主学习的研究开始于《大学英语课程教学要求（试行）》明确指出，自主学习能力是大学英语的教学目标之一，教学模式改革成功的一个重要标志就是学生个性化学习方法的形成和学生自主学习能力的发展。但是目前我国学生由于受传统教育的影响，自主学习能力仍然很差，具体表现在以下几个方面。

（1）除了教师布置的学习任务，学生几乎没有自己的英语学习计划，也不能很好地规划自己的英语学习时间。

（2）学生对学习策略了解得不多。在学习过程中，只是遵循多年来形成的学习习惯。有时学生也能意识到自己的学习方法不当，但却不能及时换用其他合适的学习方法。

（3）很少有学生与他人合作学习。我们不能把自主学习理解成个人的独立学习。合作学习也是自主学习不可缺少的一部分。

（4）学生不能在课外主动寻找各种机会学习英语、运用英语。

所以根据大学生现状，大多数院校采用大学英语“自学＋辅导”与课堂教学相结合的教学模式，使课下自主学习、合作学习与课堂教学优势互补。

在大学公共英语教学过程中，应当改变中国学生大多习惯单独学习，不善与他人合作的现状，多多应用交际法，特别是任务型教学法，真正形成以学生为中心的课堂，在完成任务和评估的过程中，教师应同时强调语言知识和语言运用，根据学生的不同专业做出不同的任务目标和专项演练，充分调动学生的兴趣和积极性，使其在主动建构的过程中，形成语言习惯，提升语言能力。随着信息时代的到来，教育方式必须由传统的应试教育转向素质教育，学习方式由接受型变为主动型学习，这是培养创新人才的必然选择。

四、实践过程中的问题与对策

（一）问题

高校在创建大学英语个性化教学模式的过程中，获得了有益的探索，也取得了可喜的成绩，但也依然存在以下四个方面的问题。

1. “不够”理解：一是部分学生的“不够”理解

少数英语水平较差的学生认为，分层教学是对他们的“人格歧视”。于是，他们或多或少地放松了自己对英语学习的要求，尤其是教学评估的个性化，需要教师投入加倍的精力来关注学生个性的发展。

2. “不够”适应

部分学生因对自己的个性发展、学业要求依然不甚明确，在选修课程的选择上表现出一定的盲目性，甚至有的学生将选课的标准定位在“容易拿学分”的课程上。另外，鉴于部分学习任务的完成、学习材料的选择是学生依托计算机网络自主完成的，少数学生因缺乏自控能力和自学方法而难以适应。

3. “不够”全面

部分个性化教学模式的创建还只是停留在形式上。如课堂组织的个性化方面，虽然实现了教学对象的分层次、教学目标上的分要求，但在教学内容的选择上却没有分类别；再如，在选修课程的开设上，只注重了为水平更高的学生开设诸如雅思英语等课程。

4.“不够”彻底

从教学评价上来看，虽然加大了过程性评估的考核力度，但评估的权利依然是掌握在教师手里，忽视了学习者对自身学习评价的“话语权”。而“自我评价”恰恰正是倡导“以人为本”的个性化教学中极为重要的一种评价方法。

（二）对策

针对上述问题的存在，依笔者之见，应着力加强和改进以下几个方面的工作。

1. 加强理论学习和方法研究

广大从事大学英语教学的教师不仅要从自身发展的角度，加强语言教学理论的学习和语言教学方法的研究，更要从学生发展的高度，加强教育教学理论的学习，全面理解、正确把握个性化教学的内涵和要求，运用建构主义理论，转变教师角色，“以学生为中心，在整个教学过程中由教师起组织者、指导者、帮助者和促进者的作用，利用情境、协作、会话等学习环境要素充分发挥学生的主动性、积极性和首创精神，最终达到使学生有效地实现对当前所学知识的意义建构的目的”。

2. 强化教学环境的建设

学校教育要给学生提供良好的教学条件和学习课程。笔者认为，学习氛围的营造不仅是任课教师的责任，也应当成为学生管理工作者如班主任/辅导员等的任务。对分层次教学的实施、选修课程的开设等个性化教学模式的创建进行全方位的宣传和指导，能够让每一个学生都能真正理解分层次教学，全面适应个性化学习。广大直接参与大学英语教学的教师们更要从学校生存和学生发展的高度，以寻求对教学改革的广泛理解、积极支持和踊跃参与。

3. 完善个性化教学方案

高校在制订教学方案时，应从学生群体差异和个体差异客观存在的实际出发，满足不同层次的学生；在选修课程的开设上，既要考虑有利于学生拓展空间的课程，也要考虑有利于学生夯实基础的课程，以满足不同起点的学生；在教学评价的个性化上，通过给学生在教学评价中的“话语权”，进一步增强其参与学习、反思学习的主体意识，真正实现学校提出的“全员育人、全过程育人、全方位育人”的教学目标。

4. 突出学生自主学习能力的培养

基于建构主义的理论分析，胡壮麟教授提出了“就语言学习而言，学习者需要清醒地了解自己的个人建构”。从事英语教学的广大教师不仅要向学生传授知识，更应在学习方法上给予指导。通过面授辅导、个别谈话等形式，帮助学生通过自身的努力获取更多的知识和技能，满足学习型社会的需要。

总之，大学英语个性化教学的成败，与许多因素有关联，但是主要取决于是否弄清了学生的差异，以及弄清差异之后，在大学英语教学改革的大背景下，期待更多的研究者能关注这个课题。

第二节 ESP 教学

一、ESP（English for Specific Purposes，应用英语）教学的产生及特点

（一）ESP 教学产生的背景

ESP 产生于二战后，当时世界经济与科学技术迅猛发展，许多国家正竭力摆脱战争所带来的困境，重振经济、发展科技、加强国际间的交流。促使一大批人自觉要求学习英语的，是因为英语已被认为是科技和商贸领域里的国际语言。人们若想跟上形势的发展、把握致富时机，必须学习英语。因此，人们学习英语的目的十分明确。

此外，语言学领域的革命及教育心理学的发展是 ESP 产生的另外两个主要原因。传统的语言学致力于描述英语语言的使用规则，而社会语言学的研究则让人们转向注重在实际交际当中英语语言的具体运用。人们在不同的场合下说话或写文章都有不同的目的以及不同的表达方式，因此主张英语教学也应侧重这种差异，以便取得最佳教学效果。认为学习态度和学习动机对于学习效果有着重要影响，因而教学的重心应由传统的“教师中心”转向“学生中心”，并最终转向

“学习中心”。这些领域的研究成果都为 ESP 的形成和发展奠定了理论基础。

（二）ESP 教学的特点

人们说到 ESP 总是简单地把它等同于旅游英语、科技英语、商务英语或等同于教授英语的特殊语体，这种理解不甚全面。有人曾给 ESP 作过明确定义：“ESP 不应该被视为一种特殊类型的语言或教学法，它也不只包括某一种特定的教材。事实上它是一种探讨各种基于学习者需求的语言教学和语言学习方法。”有人认为“ESP 指英语教学是为达到明确目的的重要手段。”基础英语阶段则强调学习者接受普通语言的课程学习，是具有文化和文学倾向的语言课，语言本身是主题和课程目的。而 ESP 教学主要是指学生通过学习英语以便获取自己所从事专业或不同体裁的知识或技能。它注重学习者的目的。根据学习者的目的，便产生了不同目的的英语教学和学习。

通过了解对 ESP 的界定和分类，我们认为 ESP 教学的特点为：ESP 教学目标明确。ESP 教学学英语不是目的，不是为语言目的而学习语言，教学中应注重学习者的使用目的。通过英语学习，使学生在学习专业知识中有更好的帮助作用，促使其在工作中有出色的表现。ESP 教学建立在学习者的需要分析之上。学生在学习和工作中要进行何种交际活动？这些交际活动需要他们有什么样的知识和能力？学生在学习英语过程中有什么需要？ESP 教学注重语用能力的培养。学生掌握英语主要是在自己的专业范围内熟练使用，以达到用英语进行交际的需要。即学生学习知识和语言使用不能分开。分开了，知识就不能转化成能力，融学习于使用之中。

二、国内 ESP 研究现状

和国外的专门用途英语教学研究相比，国内的专门用途英语教学研究起步晚了近 20 年，最早是由杨惠中教授发表了两篇论文，介绍了 ESP 的概念。80 年代介绍 ESP 和 EST 教学的文章只有寥寥几篇。进入 90 年代以后，国内探讨专门用途英语理论和教学的文章才日渐增多，这些文章也大多局限于对国外 ESP 的起源、概念、分类、理论的介绍层面，很少论及其中存在的不足以及教学实践过程中的困难。对国外 ESP 理论的介绍和存在理据的探讨，实证研究微乎其微。

进入 21 世纪，随着我国成功加入 WTO（世界贸易组织），以及经济全球化的进一步发展，社会对于那些既有专业知识又有较高英语水平的复合型人才需求直线上升，而探讨如何在市场经济的新形势下，及时转变教学观念，有效开展专门用途英语教学研究的文章数量也开始激增。王恒以中国期刊全文数据库为检索工具，以主题为检索项，以 ESP 为检索词，设定检索范围为文史哲，2000 年至 2007 年符合条件的文献数为 742 条，8 年的研究成果数量几乎是之前二十几年研究成果总和的 7 倍。不仅发表的研究文章数量较以前有了激增，国内 ESP 的研究领域和范围也更为广泛和多元：有评介 ESP 最新发展的，有分析 ESP 性质、范畴的，有专门研究 ESP 教学方法的，有研究课程设置、教材建设的，有研究 ESP 师资培训的，有建议建设 ESP 语料库的，还有进行实证性研究的。

我国高校的 ESP 教学不论是在实践上还是在理论上都未进入成熟阶段，主要体现在以下三个方面：未解决好专门用途英语（ESP）在高校英语教育中的定位问题；对专门用途英语的性质和教学原则理解不一；对专门用途英语（ESP）的教学方法研究不够深入。许多的 ESP 实证研究也在不断地提醒并告诫我们，目前我国高校的 ESP 教学现状并不乐观，甚至有些令人担忧。“目前各院校在 ESP 课程的教学过程中存在许多迫切的问题，几乎可以用‘乱象丛生’来形容”，“与井井有条的 EGP 教学阶段相比，ESP 教学阶段却显得十分混乱，与当前的需要格格不入”。高校进行的问卷调查结果更是令人触目惊心：74％的学生对 ESP 教学表示不满意，83％的学生反映 ESP 课堂上教师仅使用阅读与翻译法，79％的学生反映教师不采用任何多媒体教学手段，86％的学生反映教师授课的语言以汉语为主或全部为汉语。此外，他们调查还发现一些高校的 ESP 课程的开设与大学英语教学有间断现象，有的高校在大学三年级下学期开设 ESP 课程，有的甚至在大学四年级才开设，有的由于师资缺乏将学生合班上课，因此 ESP 教学的评价和管理处于失控状态。

三、国内 ESP 教学现状剖析

上述学者的 ESP 实证研究，以及他们对国内目前 ESP 教学现状不满或批评的种种言论，虽然可能会因研究地域或调查范围的局限而出现一些偏颇，未必就能全面、真实地反映出目前国内高校 ESP 教学的实际情况，但部分高校的 ESP 教学实践的确不同程度地存在以下几个方面的问题。

（一）对 ESP 认识不统一不重视

专业英语是大学英语不可或缺的一部分，是大学英语学习四年不断线的保证，更是提高 21 世纪大学生专业英语水平的关键。一些学校甚至认为 ESP 课程教学可有可无，因而在课程设置、师资配置、学分计算、考试成绩诸方面不甚重视。这些学校只抓基础英语教学（EGP）和四、六级考试（CET），甚至把四、六级证书和教师的绩效考核、学生的毕业证书挂钩，给教师、学生造成很大的精神负担和心理压力，使得师生根本无暇顾及 ESP 教学。通过了四、六级考试的学生，在完成两年基础阶段的学习后就彻底地放松甚至是放弃了英语学习；没通过的学生要么彻底放弃英语的学习，要么埋头做四、六级考试模拟试卷，一门心思地准备下一次考试。

（二）课程设计不尽合理，课时相对不足

1999 年推出的《大学英语教学大纲（修订本）》明确提出“专业英语（ESP）课程为必修课，安排在第 5～7 学期，学时不得少于 100 课时，第 8 学期还可继续安排专业英语文献阅读、专业英语资料翻译、英文摘要写作等，从而确保大学英语学习四年不断线。”但很多高校并没有严格按照大纲的要求安排 ESP 的教学活动。有些学校即使设置了后续教学课程，但教学管理不正规，没有统一规划，统一要求，而且通常有三分之一的专业未开设英语后续教学课程。彭青华等在其大学专业英语教学现状调查中发现，虽然教学大纲规定专业英语为必修课，但学校在具体执行过程中就走了样。“有的安排在大三，有的安排在大四，使得第五个学期的英语学习完全中断。即使开设专业英语课的系部，每周课时为 2 学时，但往往只安排一个学期的课，距大纲所规定教学时数应不少于 100 个学时的要求相差甚远。”李新等针对大学专业英语教学现状对 9 所知名高校进行了问卷调查，调查结果表明：“从学生的学习状况来看，在本次问卷调查中，填写问卷的学生普遍承认他们对专业英语的投入时间较少，大部分同学平均每天花在

英语上的时间还不到一小时，学生学习积极性普遍不够高。调查结果显示，各高校每学期的课时数一般为10～20学时，这甚至未达到教学《大纲》中规定的最低限度，即教学时数为每周至少2学时，且师生的课下投入都很少，这远未达到教学《大纲》中规定的课内外学习时数的比例不低于1：2这一要求。”

（三）ESP教学模式落后，教学手段单一

目前国内高校开设的“商务英语”“国际营销英语”“科技英语”“计算机英语”“法律英语”等专门用途英语课程大多采用的是“语法—翻译”教学法，以教师在台上讲解课文为主，分析专门用途英语中某些句子的语法现象，比较单词或短语的用法，再逐句翻译成汉语。有人在武汉5所（一类）高校开展的专业英语教学现状调查表明：52％的学生反映教师授课的语言以汉语为主或全部为汉语；60％的学生反映教师在课堂上使用单调的纯翻译或阅读与翻译相结合的教学方法；70％的教师不采用任何多媒体教学手段。还有问卷调查发现，各高校普遍所采用的专业英语教学模式主要有语言分析＋翻译、阅读＋写作、翻译＋写作和词汇讲解＋翻译四种，但现行的专业英语教学模式的主流是“翻译＋阅读”教学。有调查报告显示：46.0％的学生反映他们的教师在课堂上所使用的是单调的纯翻译或阅读与翻译相结合的教学方法，不采用幻灯、投影、录音、影视或计算机多媒体等教学手段的教师竟高达58.4％。教育部副部长吴启迪更是直言不讳：“多少年来，我们的外语教学一直保持着教师主讲、学生主听的课堂教学模式，现代教育技术没有得到很好应用，多数学校缺少高质量的教学软件，即使使用多媒体教学也只停留在将黑板搬上屏幕的水平。这同样也不利于学生英语综合实际应用能力的培养。”

（四）ESP教材使用混乱，质量不高

教材是教学的手段之一，是教学大纲和教学内容的具体体现，直接影响着教学效果。国内ESP教学从20世纪70年代末发展至今，尚无统一的ESP规划教材。各高校在ESP教材的选取上大都各自为政，有原版引进的，也有自编或联合编写的。65％的学生反映所用教材是任课教师从专业文献中选编的材料。这种教材没有练习，缺乏明晰的教学目标，课文之间缺少连贯性，学生使用这种教材

犹如随意阅读专业文献一般，很难达到提高专业英语综合能力的目的。高达49%的教师反映专业英语教学中存在的最大问题为缺乏合适的教材。“各高校所选用的专业英语教材普遍比较混乱，粗制滥造的现象比较严重。选用原版英语教材的占29.6%，采用出版社发行的教材占40.3%，采用学校自编教材或任课教师从专业文献中选编的占30.1%，且很多学生反映他们所使用的教材未附词汇表和相应的练习，其中还有一些印刷错误。认为教材难度合适的学生占60.4%，认为教材的趣味性很强或比较强的学生寥寥无几，绝大多数学生认为教材比较没趣味或根本没趣味，19.7%的学生认为在学完专业英语后仍缺乏较强的阅读能力主要就是因为专业英语教学中缺乏合适的教材。”

（五）ESP师资力量薄弱，梯队建设待加强

ESP教学对教师的要求非常高，不仅专业要精深，英语好，还要求能用英语表述专业知识解析专业词汇。就归纳了专门用途英语教师应该具备的10项一般能力：分析专门用途英语和情景、评估教材以及相关的资料、评估学生的成绩、确定学习能力目标、设计和解释工作计划、规划教学和学习策略、规划个人辅导内容、编写教材、组织教学和评估教学目的。合格的ESP教师应当充当五种角色：①他首先是个合格的英语教师；②他必须是个合格的课程设计者，并能为学生提供印实可行的教学资料；③他既是专业教师的合作伙伴，也是学生的合作伙伴；④他必须是个合格的教学研究人员；⑤他还应该精通ESP的测试与评估，能根据教学需要对学生的学习情况进行适时的分析和总结。对照国外ESP教师的标准，我们的ESP师资存在很大的差距。国内ESP教师来源大致可以分为两类：一类是英语专业毕业并从事普通英语教学的英语教师，他们英语语言功底扎实，听力、口语俱佳，但对该课程所涉及的专业知识缺乏足够地了解；另一类是某专业中的英语水平较高的专业教师，他们有一定的英语能力，但对英语基础知识掌握得不够充分，无法将基础英语和专业英语有机地结合起来组织有效的课堂教学。另外，由于全国的外语院系普遍存在着大批老教师退出教学第一线、中年骨干教师严重短缺、青年教师队伍不稳等突出问题，ESP教学的学术梯队建设将面临严峻的挑战。

（六）ESP 教学组织松散，管理混乱

目前许多高校在 ESP 课程设置、课堂教学和组织管理等方面存在较大的随意性和不确定性，尚未建立起一套科学、规范的 ESP 课程教学质量评估体系。根据调查发现，许多高校都未设置专业英语教研室，很少或从未组织专业英语教师的教学活动，教师之间缺乏交流与合作，至于教学观摩和评估则更无从谈起。各系之间课程教学目标和教学大纲的制订，教学效果和教学质量的提高，未列入教师和教学管理部门的工作之中。很多学生在本次调查中反映其所在学校不够重视或根本不重视专业英语教学，缺乏统一管理和组织测试，测试试卷往往由任课的教师自行设计，各试卷的难易度时信度参差不齐。考评、测试其检测教学内容的目的根本没有达到。有人认为，“大部分高校缺乏系统的教学安排，有些专业开设了 ESP 课程，有些专业原来开设了，后来又取消了，已经开设 ESP 课程的高校大部分处于自发地、零散地组织专业英语教学的状态中，课时少的不到 36 学时，最多的有 144 学时，绝大多数采取大班上课，几乎所有的 ESP 课程都是由专业课教师兼任，科研成果数量少，且多是对课程的笼统介绍和经验之谈。

四、ESP 教学的应对策略

要解决目前 ESP 教学面临的难题，笔者以为，可以有针对性地做好以下几个方面的工作。

（一）明确 ESP 的课程定位

EGP 的教学重点是讲解英语语言的一般规律和普遍现象，训练他们英语听、说、读、写、译的基本语言技能。而 ESP 有独特的词汇、句法和结构模式，其教学不仅包括英语语言技能的训练，是语言技能训练和专业知识学习的结合，开设 ESP 课程的宗旨主要是“加强基础，拓宽专业，提高能力，学以致用”。可以说，ESP 属于 EGP 的运用提高阶段，是 EGP 的延伸。

（二）加快 ESP 教材的开发编写

目前各高校的 ESP 教材使用大都各自为政，虽然经过多年的摸索和实践，可能在引进、改编或自编 ESP 教材方面会积累了一定的资料素材或经验教训，不利于国内 ESP 教学整体水平的提高。教育主管部门应以 ESP 教学开展良好、现有 ESP 教材反响不错的院校为主，尽快组织有关专家和教学经验丰富的一线 ESP 教师编写一套符合中国国情的 ESP 教材。鉴于我国幅员辽阔，各地区经济发展不平衡，各高校之间在师资力量、学生水平以及多媒体技术设备等许多方面也都存在较大差异，结合自身的专长、特色以及社会需求，对现有教材作适当的改编，以满足学生 ESP 学习的个性化需求。

（三）强化 ESP 师资培训

高校 ESP 教学面临诸多问题，但最严重、最迫切也最棘手的问题就是师资问题。在 ESP 教学中，不论是教材的编写、课堂教学的组织，还是教学方法的实施及教学效果的评估，都离不开教师。可以说，教师是 ESP 教学成败的关键性因素。师资培训的具体方法主要有三种：①送出去——各高校可根据自身实际分批选派一些年纪轻、外语基础好、有一定专业知识的教师去国内或国外的 ESP 教学师资培训基地进修学习；②请进来——定期邀请国内外 ESP 专家学者来学校作专题讲座；③参加校际间的 ESP 公开课、交流会等活动，为他们提供学习锻炼、开阔眼界的机会，并通过经验丰富教师的传、帮、带的培养模式来促进年轻 ESP 教师的快速成长。

（四）建立 ESP 网上资源库

计算机技术的发展，特别是多媒体技术、网络信息技术的飞速发展，使得教学理念发生了根本性的变化。如果由国家高等教育主管部门出面，筹建一个专门的 ESP 网络资源平台，汇聚全国高校的各种 ESP 资源，供全国 ESP 教师相互交流学习，资料共享互通有无，必将大大节约各高校在 ESP 教学研究方面人力、物力和财力投入，快速缩小各高校间的 ESP 教学差距，并极大地提升国内 ESP 教学的整体水平。

五、相关意见

大学生的英语综合应用能力包括语言知识、应用技能、学习策略和跨文化交际能力等方面。只有把这些知识和技能有机地结合起来，并恰当地运用于专业信息交流的实践中去，才能够达到高效率地进行专业交际的目的。目前，我国大学的基础英语教学和专业课双语教学都难以满足学生专业交际所必须掌握的综合技能，这一任务将落在 ESP 教师的身上。ETC（指 Experiment 实践、Thinking 思维和 Competition 竞赛）把教学定位在适应各学科专业交际的一般规则和通用技巧上，既避免了同基础英语教学的知识重复现象，又明确了 ESP 同专业课双语教学的关系。ETC 把教学的切入点放在学生所缺乏的交际修辞、文化素养和应用技能上，增强了学生的学习动机。ETC 以交际技能教学为主，避免了涉及高深的学科专业知识，从而解决了长期困扰 ESP 教学的英语教师不懂专业的问题，加强了教学的可操作性。随着经济与科技的发展，人们生活的科技含量越来越高，一个大众型的专业信息交流的形势已经在全世界形成。我国迫切需要大批能够满足大众需求的专业交际人员，特别是以大众为中心、以用户为导向的专业文件写作人员，以提高我国各行各业，特别是与奥运会相关行业的英语服务质量，提高我国出口产品的国际竞争力。因此，进行大学 ESP 的教学改革，把 ETC 的教学思想和教学内容引人 ESP 教学，以提高大学生的英语综合应用能力，可谓我国大学 ESP 教学的一个发展方向。

第三节　互联网教学

一、英语网络教学的理论依据

（一）基础理论

1. 心理学

心理学是研究人类认识世界，获取知识、技能和发展智能的心理规律及其心理机制的一般性原理。心理学在语言研究中的应用主要体现在输入信息处理以及语言认知能力两方面，并逐渐发展成为心理语言学与教学心理学。这两种学科主要研究的是学生习得外语知识以及掌握语言技能的心理过程以及发展规律。心理语言学主要有行为主义和认知心理学两个研究方向。其中行为主义学派认为语言在本质上是刺激与反应的结合，可以通过观察以及测量得出反应的规律，也可以通过外界的强化、训练、模仿或塑造逐渐形成。

2. 教育教学理论

网络教学属于教育学的一个分支，因而教育学的教学理论同样适用于网络教学。教育学研究的对象是教育中存在的普遍教育现象以及教育问题，属于一般意义上的教学原理。网络教学以教育学的基础理论为指导，研究外语教学的教学目标、教学方法、教学模式、教学评估以及与外语教学相关的学科理论。

3. 方法论

方法论指的是人们认识世界、改变世界的一般方法，即人们在观察事物和处理问题的过程中总结出来的一般规律。方法论是对于具体科学方法的概括和总结。科学方法指的是人们获取可靠信息、正确地解释现象、理解文本的方法。

外语教学是教学信息由教育者向被教育者传递的过程，然而信息传递的效果往往受到信息容量及其传递方式的制约。网络教学中大量的网络资源以及网络媒介为教学信息的快速传递提供了客观条件。同时，网络媒体辅助外语教学能对教学过程实施有效控制，及时获取反馈信息，调整教学策略，修正教学进度，优化教学过程，获得理想的教学效果。

4. 绩效理论

绩效是指人们在工作中完成任务的数量、质量以及效益成果等。在西方心理学中，绩效则是指与内在心理过程相对的外部行为表现。在教育界，绩效这个概念也越来越引起教学工作者以及科研人员的关注，他们发现将绩效理论应用到教育教学中有助于提高教学工作的效率，尤其是以信息技术为依托的网络教学。

绩效技术是指对科学理论与方法的运用与实施过程。那么要达到预期的教育目标，往往可以采用多种教育手段和途径，因此，在制订教学模式时，要充分考虑学生所投入的时间、精力与其获得的学习成果是否成正比，同时还要考虑教学投入与产出的经济价值比问题，有关资本投入的多少、教学模式的选择及媒体手段的采用，一般取决于组织者的需求分析、发展目标、财力状况等因素。

所以，在英语网络教学中应用绩效技术来设计教育、教学方案时，要体现适应性、经济性、可行性等基本原则。

5. 传播学

“传播学是研究人类一切传播行为和传播过程发生、发展的规律以及传播与人和社会的关系，社会信息系统及其运行规律的科学。传播学是20世纪30年代以来跨学科研究的产物，与其他社会科学学科有密切的联系，处在多种学科的边缘。由于传播是人的一种基本社会功能，所以凡是研究人与人之间的关系的科学”。传播学与教育学相结合产生了教育传播学。教育传播学是指教育者按照一定的教学目标，选择相应的教学内容，通过有效的媒体把知识、技能、思想、观念传达给受教育者的一种活动。传播理论在网络教学中的运用有助于外语教学信息更加有效的传播，对于优化外语教学效果提供了理论上的支持。

6. 哲学

哲学是自然知识、社会知识、思维知识的概括总结。因此，可以说哲学是一切自然科学、社会科学以及思维科学的理论基础。英语网络教学同样需要运用辩证唯物主义的认识论和方法论，这些理论的应用有助于构建更加有效的网络教学体系。

7. 美学

美学是从人们对现实的审美关系出发，以艺术作为主要对象，研究美、丑、崇高等审美范畴和人的审美意识、美感经验，以及美的创造、发展及其规律的科学。美学在网络教学中得到了充分的体现。从网络资源方面来说，不同于传统教学单一的文本教材，网络学习资料往往包含生动形象的图画、形象优美的语言表达、五彩鲜艳的颜色搭配、悦耳动听的音乐旋律等，这些都是艺术美在网络教学中的具体体现；从教学手法来说，网络技术把原本抽象单调的教学内容形象化、艺术化，并通过多媒体课件等方式展示出来。可以说网络教学从内容到形式都强调通过科学美、教学美和艺术美，来传递教学信息，但外语教学中的美应突出一个“真”字，即真实而准确地表达教学内容的科学性，揭示语言本质的客观规律。

（二）语言学习理论

1. 行为主义学习理论

行为主义学习理论又称“刺激－反应理论”。行为主义者认为，学习是刺激与反应之间的联结，他们的基本假设是：行为是学生对环境刺激所做出的反应。

他们把环境看成是刺激，把随之的有机体行为看作是反应，认为所有行为都是习得的。

网络教学中的刺激源主要是学生使用的网络资料，如图像、视频、动画、文本等，学生受到这些刺激，产生相应反应，从而达到记忆的效果。网络教学的主要特点是重复性的语言训练，即通过大量的刺激源不断重复进行“刺激—反应”模式，从而实现语言的习得。将行为主义理论应用到英语网络教学中有利于实现个性化教学。行为主义学习理论促进了视听教学、程序教学及早期 CAI（computer assisted instruction，计算机辅助教学）的发展。但行为主义学习理论有很多不足：它完全否认人类学习的内在心理机制，把动物实验的结果生硬外推至人类的学习，忽视了人类的主观能动性，难免走向机械主义和环境决定论，受到认知主义等学习流派的批评。

2. 人本主义学习理论

人本主义心理学主张从人的直接经验和内部感受来了解人的心理，强调人的本性、尊严、理想和兴趣，认为人的自我实现和为了实现目标而进行的创造才是人的行为的决定因素。它所提倡的学习理论，不像行为主义和认知心理学那样，从验证性研究中得到原则后再形成推论，而多半是根据经验原则提出观点与建议。

罗杰斯（C. R. Rodgers）认为，人类具有天生的学习愿望和潜能，这是一种值得信赖的心理倾向，它们可以在合适的条件下释放出来；当学生了解到学习内容与自身需要相关时，学习的积极性最容易激发；在一种具有心理安全感的环境下可以更好地学习。

罗杰斯把学习分为两种类型：认知学习和经验学习，相应的学习方式也分为两种：无意义学习和有意义学习。无意义学习是指学生所学的内容没有个人意义，只涉及学生心智发展，不考虑学生感情因素。有意义学习不仅是学生增长知识和技能的学习，更是一种与个人经验融合在一起的学习，是一种使个体的行为、态度、个性以及在未来选择行动方针时发生重大变化的学习。

人本主义教学观主张有意义的学习，即学生的自主学习。教师在教学中的任务不是教授学生知识，而是为学生提供学习资料以及营造激发学生学习的气氛，让学生自主安排学习。教师促进学生学习的关键不在于教师的语言能力或是教学技巧，而在于特定的心理气氛因素，具体表现为对学生的尊重、关注和理解，创设自由宽松的学习气氛，激发学生的学习积极性，从而促进学生学习和成长。

英语网络教学的教学理念符合人本主义教学观。首先，英语网络教学注重的不是语言知识的灌输，而是语言应用能力的培养。网络教学软件提供了理想的语言交流条件，学生随时可以通过网络交流软件进行语言练习，从语言实践中习得语言。其次，网络教学以学生的自主学习为主，教师起辅助和监督教学的作用，除此之外，教师还可以给予学生情感上的帮助，及时解决学生学习中遇到的情感问题，帮助其更加高效地完成学习任务。

（三）建构主义理论

建构主义又称"结构主义"，最早是由瑞士心理学家皮亚杰于 1966 年提出的，是认知理论的一个重要分支。建构主义源自于对儿童认知发展过程的研究。由于认知发展过程与学习过程有密切的关联，因此建构主义可以很好地解释人类在学习过程中的认知规律。

建构主义学习理论认为，学习不是知识简单地从传授者到学生的单向输入，而是通过学生将原有知识经验结构与新信息相互结合实现的。学习应该通过学生的高水平思维活动实现，而不是通过简单的死记硬背的记忆实现。学习要建构关于事物及其过程的表征，但它不是外界事物的直接翻版，而是通过已有的认知结构对新信息进行加工而建成的。在这个加工过程中，每个学生都以自己原有的经验和知识结构为基础，对新信息进行认知和解码，建构自己的理解。同时，原有知识由于新知识的介入而发生调整和改变，即建构主义中个体认知的同化和顺应过程。如此一来，学生获得知识的多少不再取决于学生对教师所传授内容的记忆能力，而是自身构建知识结构的能力。

与建构主义相对应的是客观主义学习理论，这一理论主张知识是客观的，是外化于人脑的，教学就是教师将既有知识灌输给学生的过程。而建构主义的教学理论认为，教师在教学中的责任应是帮助学生自主建构其对知识的理解以及经验的累计。这两种理论的正确与否至今仍是教育界热议的话题。近年来，教育界普遍认可的一个说法是，客观主义教学理论和建构主义教学理论各有利弊，两者应互相结合，并取长补短，才能实现最有效的教学效果。学生在知识贮备不完全的情况下，自主学习能力受限，需要外界帮助和指导才能实现知识的获得。

1. 交际语言教学理论

交际语言教学理论主要来自交际能力理论和功能语言理论。交际能力理论是由美国著名社会语言学家海姆斯于1972年提出的，他认为语言的交际能力必须包括两方面的内容：一是语言必须符合语法规则；二是语言在情境中可接收性。功能语言理论是由英国语言学家韩礼德提出的，他认为语言具有多种功能，其中包括语言的交际功能。

交际语言教学理论主张教学应以学生为中心，注重学生语言交际能力的培养。这一理论的支持者认为学生掌握交际能力以及语言能力的主要途径是以语言交际为主的实践活动，因此，教学活动的内容安排应以培养学生交际能力为主要宗旨，而不是背诵单词或是学习语法。交际法还强调语境对语言学习的重要性，重视教师与学生、学生与学生之间的互动交流。

交际法理论在网络教学模式中得到了充分的应用。网络技术为学生听、说、读、写各项技能的训练提供了良好的语言环境，它能够模拟语境，提供语言交际环境以及丰富的语言学习资料，能够提供完成各种学习任务所需的工具。

2. 社会语言学

社会语言学（Sociolinguistics），顾名思义是研究社会与语言关系的一门学科，这一学科兴起于20世纪五六十年代，并涉及语言学、人类学、交际学、社会学、社会心理学、大众传媒等多个领域，属于边缘学科。

社会语言学根据研究范围的不同，可分为宏观社会语言学和微观社会语言学。宏观社会语言学主要研究的是民族或区域语言状况以及语言与社会环境发展之间的关系。

社会语言学根据研究方向的不同可分为理论社会语言学和应用社会语言学，理论社会语言学主要的研究对象是语言变体以及言语群体结构。应用社会语言学主要研究的是导致语言使用不平等现象的社会及政治因素。

社会语言学强调学生语言习得的社会性，认为语言的学习是在某一特定语言团体中，通过大量的实践学习和社会交际而实现的。因此，在语言学习中，应多为学生提供具有真实性的社会交际的机会。以计算机为媒介的英语网络教学模式是社会语言学理论的最佳体现，网络教学提供了大量的虚拟交际活动、合作学习活动以及跨文化学习活动，并且将这些活动扩大到全球范围，真正为语言学习营造了最佳的社会环境。

二、大学英语网络教学的必然性

大学英语教学在我国大学生基础学习阶段所占的地位举足轻重，但是大学英语教学却远远不能适应我国经济的发展趋势和进程，其中最为突出的问题表现在大学英语授课以教师为中心，以通过考试为目的，学生缺乏练习和使用英语的机会，学生的英语综合应用能力，尤其是听、说和写作能力普遍较低。特别是扩招之后，许多高校不得不采取大班授课的方式，学生的英语水平参差不齐，很难做到因材施教和个性化教育。大学英语的课堂教育就形成了教师在讲台上练口语、学生在下面记笔记的尴尬局面。教师和学生之间，同学和同学之间根本没有交流，导致学生学习英语的兴趣越来越低。所以我们要探索出一种适应新形势的大学英语教学模式。

为了顺应高等教育新的发展形式，国家教育部制定并颁布了《大学英语课程教学要求（试行）》（以下简称《课程要求》）作为各高校非英语专业本科生英语教学的主要依据，从而为深化教学改革，提高大学英语教学质量，满足新时期国家和社会对于人才培养的需要提供了坚实的理论引导。《课程要求》在关于“教学模式”方面指出“各高等学校应充分利用多媒体和网络技术，采用新的教学模式改进原来的以教师讲授为主的单一课堂教学模式。新的教学模式应以现代信息技术，特别是网络技术为支撑，使英语教学不受时间和地点限制，朝着个性化、自主式学习方向发展”。同时也指出“教学模式改革成功的一个重要标志就是学生个性化学习方法的形成和学生自主学习能力的发展”。

随着《课程要求》的颁布，全国高校掀起了大学英语网络教学的热潮，其中在180所试点校的带动下，各高校纷纷采用了清华社、外教社、外研社、高教社等研发的基于计算机网络的大学英语教学软件，尝试新模式下的大学英语教学。在这种新的教学模式下，许多试点院校已取得了初步成效。

网络教学作为传统教学模式的有效补充手段，学生可以在学习过程中利用巨大的网络资源库跨越时间和空间界限寻找自己需要的信息，自主学习，并能够借助网络媒体进行师生及学生间的讨论加深对知识的理解。同时教师也可以通过网络发布信息、布置任务、参与讨论、解答提问、接收作业和反馈信息等，给予学生相应的指导。

三、网络环境下进行大学英语的优势

（一）网络教学提高了学生自主学习和合作学习能力

早在20世纪80年代，自主学习和合作学习的理论与实践就已在西方国家得到了广泛的应用。他们认为学生不是被动的、消极的知识接受者，而是主动的、积极的探究者。自主教学是在尊重学习者的个人需求和个人情感的基础上，培养学习者独立分析解决问题的能力，从而实现真正意义上的以“学生为中心”的教学目标。然而，任何学习都不可能完全独立的，而是通过和他人互动来完成的。因此，在培养学生自主学习的同时，不可忽视合作学习的作用。

在传统教学模式下，学生对课堂教学和教师过分依赖，课堂以教师讲授为主，学生只是被动接受知识。《课程要求》中特别强调在英语教学过程中的学生主体地位，这是与过去所实施的各种教学模式的最大不同之处。在新的教学模式下学生是教学过程中的主体，在涉及教学内容和组织教学过程中，一切从学生的实际情况和需求出发。以“学生为中心”，逐渐摆脱依赖教师，树立自主学习的理念，教师只是起到主导作用。学生从被动的学习变成主动的学习；从依靠教师转变为自主学习；从看笔记、做练习、听录音转变为主动查阅资料、提出问题、互动交流、合作学习。充分认识自己在教学中的主体地位，积极与教师沟通、相互反馈，使教学充满生机和活力，借助网络环境的优势，在主动、开放、自由的状态下探究、学习、努力发展自己的个性和潜能，积极培养自主学习和合作学习能力。

传统的英语教学是以教师为中心的教学模式，即教师讲解较多，学生参与较少。学生的主要任务是被动地接受教师在课堂上传授的语言知识。这样一来，课堂的大部分时间都是教师在训练自己的语言技能，而不是学生锻炼语言能力，这种教学模式在很大程度上消弱了学生学习的主动性和积极性。网络教学中网络平台的使用合理地解决了这一问题。建构主义理论认为语言习得是在一定的语言环境中，通过与外界的交流，借助足够的语言输入，主动地通过意义建构的方式获得的。在网络教学中，学生可以借助电脑，进行自主式的学习，并且不受时间和空间的限制，可以随时随地选择自己想要学习的内容，自己安排学习进度，并通过人机交流的方式进行语言练习。这样教师和教材不再是学生知识来源的唯一途径。网络帮助学生实现自主学习，并在自己建构的知识体系中提高自身的语言综合水平。

以教师为中心的教学模式和以学生为中心的教学模式都是不科学的，因此，只让学生进行网络学习而不借助课堂教学的教学方法也是不行的。网络学习需要课堂教学的监督和指导，才能有效地发挥优势，从而提高学生的学习效率和学习效果。

综上所述，网络教学有着强大的生命力，原因不仅在于以上的优越性，更在于其认知心理学与社会语言学的基础。网络教学的目的是使学生理解语言的意义，培养学生的分析能力、判断能力，提高他们的语言运用能力。计算机技术与认知心理学、社会语言学的结合赋予了网络教学以强大的生命力，推动着外语教学的不断发展。

（二）网络教学提供了丰富的交互空间

在过去二十年中，不少应用语言学家认为，语言输入不能保证语言的习得，交互活动，包括意义协商和语言输出是语言习得的关键。在传统教学中，教学内容、教学方法、教学步骤大多是教师事先安排好的，学生很难有机会向教师表达自己对问题的看法；学生与学生之间也很少交流。在网络教学中，教师和学生、学生和媒体以及学生和学生之间可以实现互动。教师可以通过网络进行网上辅导、网上答疑、网上作业批改等教学活动；学生可以通过网络向教师和其他学生提出问题，也可以从网络和教师那里获得所需要的信息，还可从其他学生的观点中获取知识，从而达到建构自己知识体系的目的。

（三）网络教学拓展了个性化的学习领域

传统的英语课堂教学不重视学生个体的差异；忽视了不同的学生在学习方法、学习风格、学习兴趣、学习基础等方面的不同；教学内容、教学进度、教学方法、教学手段、教学目标单调一致；不能实施多层次的教学目标；不能因材施教。这样难于激发学生的学习兴趣，不利于学生自主学习能力的形成和提高。而网络英语教学克服了这一弊端，网络环境下的英语教学不仅突出个性化学习，其环境的多样性还为个性化英语教学提供了广泛的发展空间，教学双方可根据自己的需要进行教和学，从而使个性化英语教学成为可能。教师可以因人而异安排教学内容、教学方法甚至考试，学生可以根据自己的兴趣和需要选择学习内容。

（四）网络教学搭建了丰富的开放性平台

与传统课堂教学不同，教学活动不再仅仅限制在固定的教室、固定的时间，取而代之的是网络连接的所有范围和地点。学习者对于自己的学习具有相当大的选择权与灵活性，而且学习过程、方法和学习时间可由学习者根据自己的具体情况自主决定。在网络环境下，学生可以从广泛的信息资源中选择他们所需的学习材料，按照他们各自的实际情况来设计和安排学习，使自己成为学习的主体。学生处于教学中心，学习有了很大的自由度。这有利于启发学生学习的主动性，激发学生的思维和创造力，体现素质教育的新理念。

（五）网络教学有利于增强教师的业务素质

由于网络交互教学方法要求教师不但要有一定的计算机网络知识，更要有丰富的本专业知识和教育学理论知识，才能游刃有余地熟练驾驭课堂教学。交互式教学方法不仅灵活性大，教学过程中有宽松的环境，而且课堂操作难度不大，因此更有利于教师教学艺术性的展现和创造性的发挥。

（六）网络教学明确了科学的评价标准，促进教学评估手段的改革

目前，全国很多高校仍采用单一的标准化英语水平考试作为衡量教学质量和

水平的唯一标准，这种做法并不符合语言教学的规律。在新的教学理念的指导下，教师可以设计、开发多种科学的测试方法，对学生掌握知识的情况进行跟踪记录与分析，对教学效果做出科学合理的评价。教师可以根据学生提交的答案和反馈信息分析教学效果，及时调整教学进度、教学内容、教学计划等。所以多媒体及网络技术为英语教学提供了快速、准确地反馈信息的途径，为教师与学生提供了交流的平台，为教与学提供了科学的评价标准。

（七）有利于培养学生的听说能力

网络教学具有开放性和灵活性的特点，学生不需要太多的语言学习材料，只要有一台电脑，便可以随时随地地利用教学资源进行学习。给学生带来了传统教学无法提供的视听享受，丰富的语言学习材料、生动有趣的动感信息增添了学习的趣味性。

网络教学的使用提高了英语教学的广度和深度，传统教学模式较为单一，教师与学生之间的互动交流很少。使用网络教学能够实现互交式的教学环境。目前，由于我国缺乏良好的语言教学环境，学生仅能通过课堂来获取知识，这就使得学生的学习受到两方面的制约：一是课堂时间有限，教师为了完成规定的教学任务，没有过多时间用来交流或是练习；二是语言输入有限，学生在课堂上获取的语言输入主要来自于课本和教师的传授，那么课本的质量以及教师的语言水平在很大程度上制约了学生语言交流能力的发展。语言的学习主要通过交际，课堂上的交际活动也往往受到很多因素的制约。网络教学所提供的视听资源以及网络交流平台更有利于学生听说能力的培养。

（八）提供大量真实生动的语言

外语教学界认为，学生必须学习真实、地道的外语，然而这对于中国学生而言十分困难。而互联网的优势就在于，它不仅能够提供大量英语文学作品的原文，还包括大量的英语日常用语，其语言之生动、真实与数量之大是任何教材都无法比拟的。

四、网络教学环境下高校英语教师角色特征分析

在网络教学中既要充分体现学生的学习主体作用，又不能忽视教师的主导作

用。使用网络进行教学并不意味着网络完全代替教师。在网络教学中，教师的主导作用应渗透到各个环节。教师要按照教学大纲的要求并结合学生实际情况制订出听、说、读、写各种类型的学习任务；引导学生确定适当的学习目标，选择达到目标的最佳途径；设计切实可行的长、短期学习计划；指导学生形成良好的学习习惯，激发学生的学习激情；调动学生的学习积极性；培养学生自主学习能力；将学生的学习行为延伸到课堂外；对学生的课外自主学习行为进行有效监控等。

五、多媒体网络教学存在的问题及建议

网络教学能为学生提供更大的学习空间，具有一定的优势。然而，在具体的实施过程中，也存在着种种“瓶颈”，影响和制约了这种新途径的应用进程。

在网络英语教学中，学生的自主性增强，但学生与教师的情感交流减少，事实上传统的面对面课堂教学有很多重要因素是网络教学实现不了的，比如师生间的一个眼神，教师本人的人格魅力、渊博的知识和表达的感染力都会对学生产生影响。因此，在教学过程中，教师不能过多地依赖多媒体网络技术，同时也要十分重视与学生的沟通交流。

由于习惯了传统灌输式接受知识，很多学生不知道在网络环境中如何开展自主学习，在学习习惯和自我控制方面还不能适应网络学习发展的要求。在没有压力的情况下完全进行多媒体网络教学会导致部分学生放任自流，影响学习效果。因此，我们要在大学英语网络教学中，加强对学生的管理和引导，做好形成性评估，帮助学生逐渐增强学习的毅力，培养自主学习能力，从而达到推进大学英语教学改革的目的。

有些学校由于资金有限，无法满足全部学生免费上网的条件；而有些学校校园网网速慢，计算机配置又低，打开视、听等英语网页要花很长时间，在线学习英语浪费时间。所以，各高校要根据实际情况合理定位，共同努力建设校园网络，优化网络学习资源，成立大学生课外自主学习中心，让更多的学生享受丰富的英语学习环境，实现网络教学在我国外语教学过程中的良好发展。

综上所述，网络自主学习环境使大学英语的课程模式发生了深刻的变化，为不同层次的学生提供了提高综合实用能力的机会和条件。但在实践中却发现，网络自主学习环境本身忽视了学生薄弱的自主学习能力，大量依赖外部网络自学设施、大大减少了课堂面授的课时，这些因素也导致了一系列的问题，如教师创新模式理念不成熟、缺少规范管理、学生散漫、兴趣低下、应付课时、教学资源浪费等。

六、课堂教学与网络教学相结合的教学模式

（一）课堂教学的理论基础、优势和不足

传统的大学英语课堂教学以行为主义学习理论为基础，行为主义理论又称刺激—反应理论，是由美国心理学家华生在巴甫洛夫条件反射学说的基础上创立的。行为主义认为语言学习应是一个不断接受外界刺激并做出反应的过程，教师作为知识的传播者不断地向学生提供外部刺激，而学生作为知识的灌输对象只需要被动地接受外界刺激，以理解和吸收语言知识。这种传统的教学模式以教师为中心，整个教学活动以教师讲授和学生反复操练为主，并通过一系列的强化训练使学生最终形成固定的语言习惯。传统的课堂教学有助于发挥教师的主导作用，便于教师组织和监控整个教学过程，使学生的语言学习能够合理有序地进行。这种传统的“言传身教”的教学手段我们已经沿用了数年，在我们教育的发展过程中有着不可替代的作用。即使在我们大力发展新的教学手段的今天，也只是对其方式的延伸和拓展，扬其长而避其短，因为教师本身就是很宝贵的教学资源。教师可根据学生的实际水平因材施教，及时地更改教学内容，改进教学方法，并利用教师丰富的阅历和经验对课文进行声情并茂的讲解。更重要的是，教师可根据学生的表情和反应随时调整授课方式和内容，师生互动的机会较多，师生关系较融洽。无论是课堂教学中教师的精心设问、师生间的互动等情感交流，还是课下教师对学生的引导和帮助，都对教学有着重要的促进作用，这是电脑和网络无可比拟的。

然而，传统的课堂教学模式虽然有着不可比拟的优势，但其弊端也是显而易

见的。首先是教学手段比较单一，虽然大多数院校已经采用多媒体课件教学，但教学过程还是比较机械，教学内容往往也会脱离真实的语言环境，再加上课时少，人数多等因素都不利于提高学生学习英语的积极性。如今，单一的传统课堂教学模式已经满足不了以培养和加强学生英语综合运用能力为目标的教学要求。可见“刺激—反应”理论过分强调语言学习的外部因素，忽略了学生的内在动力，不能充分调动学生的学习主动性和创造性，因而难以取得良好的学习效果。

（二）课堂教学与网络自主学习相结合的模式

课堂教学的优势是网络教学不能完全替代的。多媒体网络技术给外语课堂教学带来了契机，也将为提高外语教学的质量和效率做出贡献。因此，根据我国的教育现状、经济发展水平和学生的实际情况，网络环境下自主学习若想获得理想的教学质量是不能缺少课堂教学的。这种教学模式整合了课堂教学和课外自主学习的功能。学生可以利用网络资源延伸课堂的学习过程和任务，挖掘自己的兴趣和长处，拓展相关的学习内容。但以自主学习为中心的方法进行学习并不意味着学习者以学习为主，学生进行自主学习需要一定的技巧和知识贮备。课堂是进行大学英语教学的主要场所，课堂也是学生学习、熟悉自主学习过程的阵地。教师通过课堂教学向学生提供这类技巧和知识，帮助学生明确学习内容和学习任务，指导学生制订长、短期学习目标，选择学习方法，也要为学生提供展示其学习成果的平台，进行学习效果监察等。学生在教师的指导下通过反复重复这一过程，形成自主的学习习惯，从而逐步提高学生的自主学习能力。

可见，自主学习应作为我国大学英语长期的教学目标。根据当今大学生的实际情况，大学英语教学应将传统课堂教学与现代信息技术结合起来，实行网络课程和传统课堂的优势互补，采取课堂教学与课外自主学习相结合的手段，分层次、分阶段地提高自主学习的程度，逐步实现完全的自主学习。这种教学模式一般包括以下内容。

1. 布置教学任务

为了确保学生网上学习能收到预期效果，在学生上网自主学习之前我们要采用引导先行的做法。首先对学生进行问卷调查，了解其个人意愿、英语实际水平以及网络操作能力等情况，并指导每个学生确定学习目的，制订学习计划，并适当布置学习任务。

2．学生网络自主学习

学生到自主学习中心登录校园网上的网络教程进行自主学习。学习过程强调学习者对知识的主动探索、主动发现和对所学知识意义的主动建构。学生可以根据自身的英语水平以及自己的学习习惯和方法确定自己的学习内容和学习材料。

3．生生网际协作

在自主学习时，学生之间可以讨论、交流，共同完成学习任务。同时教师也可以和学生进行在线交流，网上答疑。比如任课教师按授课内容、分周次轮流负责对全校学生进行共享部分网上答疑。共享部分网上答疑为公开状态，所有使用同一网络课程的师生都能看到答疑记录，以利用资源共享。而发送到责任教师信息栏的疑问，有责任教师个人负责。这两种形式的答疑记录在管理平台以外的文件中，期末总结合并后作为资料留存，为下一阶段的教学提供参考。

4．教师面授教学

学生每完成1个单元的视、听、说网上自主学习之后，任课教师在多媒体教室进行面授课教学。其目的可分为以下几点：一是以每单元网上学习材料为内容，以师生交流、生生交流、教师指导等方式，进行面对面的交流，重点培养学生的口头表达能力；二是对学生课下网上学习的进度和效果进行监督检查，随时掌握其自学效果，解答疑问，个别指导。

5．小班口语授课

根据现阶段高校教学的实际情况，小班口语主要以选修课为主。它可以是以培养语言训练为主的基础口语课，也可以是以演讲、辩论形式为主的高级口语课。主要目的就是让学生有更多的机会面对面地用英语交流，同时教师给予辅导。

6．课外合作学习

课外合作学习是课内合作学习的补充和扩展。它是培养学生合作精神，促进学生学习和发展的一个重要渠道。课外合作学习就是学生为完成课内未完成的任务或一个新的任务而在课外进行的共同合作学习。课外合作学习模式创设了一个具有开放性的、由学生自主安排的、适合学生参与的课外英语学习环境，从而把学生学习英语的空间逐渐由课堂内向课堂外延伸。所以课外合作学习是课内合作学习的补充和扩展，二者是相互联系、相互渗透的整体。

（三）视听说、读写译课程教学模式

1. 视听说

① 网上自主学习＋面授辅导；

② 网上自主学习＋小班口语师生互动、生生协作；

③ 网上自主学习＋中外教师联合面授辅导。

2. 读写译

① 自主学习＋面授辅导；

② 自主学习＋学生协作；

③ 以教师为主的多媒体小班授课。

（四）具体的教学设计

1. 教学目的

尝试网络环境下的自主学习和课堂传统教学相结合的教学模式促进大学英语教学的创新与改革；针对学生特点，从培养学生的兴趣入手，建立融洽的师生关系，创设和谐的氛围，活跃课堂气氛；采用灵活多样教法，增加语言实践，让学生充分体验成功的喜悦，保持学习兴趣。

2. 教学对象及方法

非英语专业大一学生，采取课堂和课外活动的记录、学习档案记录、访谈和座谈、问卷调查等形式对学生进行全程的跟踪教学。

3. 具体课程安排

(1) 学期开始的第一节课给学生介绍本学期的课程安排，明确学习任务。

(2) 教材：新视野大学英语读写教程 1 和视听说教程。

(3) 学时安排：每周 2 课时读写＋2 课时听说＋2 课时课外自主学习。

(4) 期末总评：70％的期末试卷成绩＋30％的平时成绩。

（5）平时成绩：采用形成性评价。笔者采用7种方法定期组织评价活动，每个成绩100分，取它们平均分作为学生的平时成绩。EP：Performance（课堂表现），Presentation（演示表演），填写教程Section B（B区）部分的自学检测，阶段测试，作文，口语，考勤。可见平时成绩主要是对学生课下自主学习成果的检测。这里主要介绍一下Performance和Section B的自主学习。

Performance成绩是根据学生主动参与课堂活动的次数和水平给出的。一次10分。内容是回答与读写教程和视听说教程每个单元Topic（主题）相关的一些开放性问题。学生在上课前通过自己预测问题在互联网和参考资料上找到相关信息。在教师提出相关问题时，主动参与回答问题，把自己课下自学的东西在课堂上与其他同学分享、探讨。由于这个活动是平时成绩的一部分，所以既能调动学生主动参与课堂活动的积极性，也消除了部分同学不好意思主动回答问题的现状。在这一过程中，同学们享受到了自主学习的乐趣和意义，同时也提高了自身的口语表达能力。需要注意的是，每位同学回答完或中间停顿的时候，教师不要直接给学生纠正语言错误，教师要以信任和鼓励的态度给予积极性的评价，优化自己的课堂教学，比如用更合适的词汇和句子结构重复学生的观点，这样既能跟学生进行观点沟通，又能指出学生语言方面的错误。

教师讲解完读写教程每个单元Section A部分后，学生在新视野课程软件上自主学习Section B，通过多媒体与网络系统将已学英语知识与新的语言知识结合起来学习。在课堂上教师主要以测验的方式检验学生自主学习效果，进而巩固和补充应掌握的知识。测验形式可以是词汇、翻译，也可以是文章理解题，写文章大意等，这样既能做到对学生的跟踪评价，也提高了学生的翻译和写作水平。

总结通过一学期的实验教学，笔者发现这种基于网络的大学英语自主学习和课堂教学相结合的教学模式对大学英语教学产生了如下几个方面的促进和影响。

（1）这样的学习是学习者的自主行为，是学习者积极主动参与的活动，是在学习者自身原有知识基础上对客观世界的再构建，学生在建构过程中获得知识。课堂教学成了引导学生自主学习的渠道，课堂成了检验自主学习效果的场所，教材所提供的知识不再是教师讲授的内容，而是学生主动建构意义的对象，同时教师也起到了教学活动的设计者、组织者、指导者和学生学习英语的促进者的作用，增强学生在课堂上的参与感与成就感。

(2) 大多数课堂及课外活动都需要学生通过合作来完成，在这一过程中也增加了彼此的交流，了解自己和他人的英语水平，有利于学习他人长处，不仅提高了学生语言本身，而且他的交际能力也得到了提高。同时这些活动又与学生平时成绩相关，学生在准备这些活动时非常认真和投入，表现出了很强的集体荣誉感。

所以，根据我国大学英语自主学习环境和条件，以及当今大学生自主学习能力的现状，实行网络课程和传统课堂的优势互补，采取课堂教学与课外自主学习相结合的手段，来促进大学英语教学是成功的、有效的。学生无论是在自主学习能力方面，还是在综合运用英语的能力方面，都有不同程度的提高。如果这种以课堂教学为主，课下自主学习为辅的教学模式运用合理，能够帮助学生强化学习动力、增强学习自信、调整学习策略、改进学习方法、提高学习效率、提高学习的主动性、积极性，培养合作精神，提高学生的自主学习能力和英语综合运用能力。但为了确保网络自主学习的顺利进行，学校和教师都要加强质量管理和监控，比如领导听课、专家听课、同行听课、集体备课、学生座谈、学生评分、同行评分、教师座谈等方法制定全面、规范且切实可行的条例和措施。

随着计算机技术以及网络科技的快速发展，教育信息技术也随之发生了变革，网络教学作为新型的教育模式在英语教学中得到了广泛的应用。这一新型教学模式在一定程度上弥补了传统的以教师授课为主的单一教学模式的不足，更加注重学生在教学中的主体作用，使英语教学朝着个性化以及自主式学习的方向发展。

七、计算机网络辅助外语教学

（一）计算机网络的定义

计算机网络是通过通信线路和设备，将分处在不同地理位置的、具有相互独立功能的多个计算机系统连接起来，并按照一定的网络协议互相通信，从而实现资源共享的计算机互联网系统。

（二）计算机网络的功能

计算机网络的功能主要有三个：数据通信功能、资料共享功能和分布处理功能。

1．数据通信

数据通信是计算机网络最基本、最重要的功能。它能够快速传送计算机与终端以及计算机之间的文字信息、图片资料、报纸版面等各种信息。利用这一功能，人们就能将分散在各个地区的计算机网络连接起来，进行统一的调配、控制和管理。

2．资源共享

这里的“资源”是指计算机网络中所有的信息、软件和硬件。资源共享即指，网络中的所有用户都能看到、查到、利用这些资源。

3．分布处理

分布处理表现在，当某台计算机正在处理某个任务或负担过重的时候，网络能够将新任务分配给空闲的或负担较轻的计算机来处理，这样就能均衡各计算机的负担，同时提高任务处理的效率。

（三）教学目标多元化

学习英语的学生之间总是存在这样或那样的差异，或学习风格不同，或学习方法不同等。这就意味着英语教学在面对不同学生的时候会有所差异，从而实现多层次的教学目标，而网络辅助外语教学恰好可以实现这一点。

（四）教学管理便利化

从教学管理方面来看，网络辅助外语教学能够使更多的学生受到优秀教师的辅导。在传统英语教学中，优秀教师即使全天候地教学，但若将他们的教案、教学视频等上传至网络上，就能够使更多的师生受益。这样既缓解了师资短缺的矛盾，又充分发挥了优秀教师的潜力和作用。

（五）教学过程交互化

网络辅助英语教学过程具有交互性，包括师生交互、生生交互和人机交互。

利用计算机网络开展英语教学有助于为学生创造一个真实的语言环境。这样，学生不但可以及时得到反馈信息，提高学习效率，还能在与其他人进行网络交流的过程中提高学习兴趣和学习效果。

（六）教学方式先进化

网络辅助外语教学强调学生的主体地位，认为学生是知识意义的主动建构者，教师只对学生知识意义的建构起组织、调控、评价等作用，而不能取代学生的位置占据课堂。这与现代教育观念是一致的。英语网络教学还能为学生学习英语提供大量的言语符号信息和真实的情景画面，这不仅有利于培养学生的形象思维，也有利于培养他们的抽象思维，激发学生的学习兴趣。

（七）网络教学模式的定义

要明确网络教学模式的定义，首先我们要清楚教学模式的定义。关于教学模式的定义有多种说法，其中《实用课堂教学模式与方法改革全书》对教学模式的定义归纳如下。

（1）教学模式属于方法范畴。教学模式就是教学方法。

（2）教学模式就是在教学实践中形成的一种设计和组织教学的理论。

（3）教学模式就是在一定的教学思想或教学理论指导下建立起来的、较为稳定的教学活动结构框架和活动程序。

教学模式不仅是指教学使用的方法或是教学活动的结构，当然这些都属于教学模式的组成要素，但并非全部内容。完整意义上的教学模式应该是指在一定的教学思想和教学理论的指引下，为了达到一定的教学目标而制订的较为稳定的教学方法和教学活动的结构框架。教学理论和教学思想是构建教学模式的理论基础。教学理论涉及多个学科领域的理念和理论。教学模式的构建离不开教学目标的指引，教学目标是教学实施过程中的潜在动力，围绕教学目标设计的教学模式具有稳定性的特征，这种稳定性是由教学理论思想以及该模式的组成要素所决定的。教学模式中的教学活动以及教学方式是相对稳定的，但是具体的教学方法和操作过程往往要根据实际教学情景的需要灵活变通。

根据教学模式的定义，我们可以归纳出网络教学模式的一般概念：网络教学模式是基于计算机网络技术下的新型教学模式，即与技术相结合的教学模式。

（八）网络教学模式的特征

在对网络教学模式的特征进行归纳之前，我们首先要了解教学模式所具有的一般特征，具体包括以下几点：

(1) 教学模式是在总结教学活动经验的基础上，对教学活动方式的抽象概括。

(2) 教学模式是各要素及其相互关系结构化的、简约化的表达方式。

(3) 在一定的范围内，教学模式具有一定的代表性和示范性。

网络教学模式在涵盖教学模式普遍特征的基础上，增加了网络信息技术应用的特征。

正是由于计算机网络信息技术在教学模式上的应用使得传统教学模式发生了许多本质上的变化。我们可以将网络教学模式的特征归纳为“个性化”“自主学习化”和“超文本化”“个性化”可以从教师和学生两个角度出发，从教师方面来看，网络技术的应用为教师进行个性化的创造性教学提供了技术上的支持；从学生方面来看，网络为学生提供了无限的学习资源，学生可以按照自己的实际情况或兴趣爱好有选择性地安排有效学习。网络教学中“自主学习”是指学生以计算机网络技术为媒介，自主制订学习目标、安排学习计划、选择学习内容、评估学习成果的学习活动。“超文本化”是与“计算机辅助语言学习”相对被提出来的，指的是“网络学习，多媒体或超媒体”。

（九）网络教学模式的构成要素

1. 教学理论或教学思想

任何教学模式都有其支撑的教学理论或教学思想，可以说教学理论是教学模式存在并发生作用的根基。上文我们具体探讨了网络教学的相关理论基础，其中建构主义理论可说是网络教学的最主要理论依据，建构主义注重以原有经验、心理结构和信息为基础来建构知识。强调学生不是外部刺激的被动接受者，教师也不是知识的灌输者，而应转变为促进学生有意义学习的引导者和帮助者。这些是网络教学模式赖以形成的思想基础。

2. 教学目标

教学目标是指网络教学活动实施的方向和预期达到的成果，它是教学思想和观念的具体化表现。教学目标决定了网络教学模式的创建以及发展方向。

3. 技术环境

技术环境是网络教学模式赖以运作的物质条件，主要包括互联网、广域网、局域网、校园网以及计算机设备等。网络教学模式的技术环境主要受到设备的性能以及信息传输条件等的制约。

4. 教学策略

教学策略是指网络教学展开的步骤、过程、方式和方法的总和。它是教学模式具有稳定运作结构的外在表现。特定的教学模式就表现在它有其独特的操作程序、教学方法和措施上。

5. 人一机角色关系

人一机角色关系是网络教学模式的重要因素。这里的“人”包括教育者和学生，“机”指的是媒体设备等技术环境。教师与学生在教学模式中扮演不同的角色便形成了不同的师生关系，不同的师生关系决定了“人”与计算机网络终端形成不同的相互作用关系。这些关系的交融就构成了特定的网络教学模式。

（十）英语网络教学模式设计原则

1. 目的性原则

教学方法不仅受教师的语言观和语言学习观的影响，而且还受制于教学目的，不同的教学目的有不同的教学方法。

英语教师必须根据教学大纲的要求以及教学的实际情况，对教学内容和媒体资源进行筛选、更新和补充，并充分发挥现代化教学手段的优势，将丰富的信息资源有效地传递给学生，调动学生的各种感官，帮助学生掌握教学内容，实现预期目标。

2. 以学生为中心原则

以学生为中心的原则强调学生在学习中的主体地位。英语网络教学模式会使学生积极参与语言学习活动，主动建构知识与意识，按个人交际水平和特点，选择所需语言学习内容，自我安排学习进度。

3. 情感与合作学习原则

情感因素是影响学习质量的一个重要方面，显然，积极的情感因素能促进语言学习，消极的情感因素则会制约语言学习。英语网络教学模式的生动、丰富等特点对激发学生的学习动机，提高学生的学习兴趣十分有利。

4. 系统性与最优化教学原则

语言学习不是一蹴而就的，而是一个循序渐进的过程。因此，英语教学也必须遵循这一规律，使学习内容系统化，教学目标渐进化，实现识记、感知、理解、运用、创新的递进。目前的教学光盘、多媒体教室及网络系统可为师生提供丰富的具有渐进性和系统性的教与学的资源。教师在选择教学材料的时候必须考虑学生的实际需要和现有水平，所选择的材料不能太难，也不能太易，而应难易适中，并随着学生语言能力的提高而不断拔高。另外，教师还应根据学生的学习进度，发现学生的学习困难并给予及时的帮助与指导。

5. 情境与交际性原则

语言的学习与社会文化背景有着紧密的联系。这些社会文化表现在各种各样的情境之中。真实的情境可以激发学生的联想思维，使他们能利用自己原有认知结构中的有关经验，去同化和探索当前的新知识。

使用网络开展英语教学就必须发挥其特有的优势，使学生在真实或虚拟真实的语言情景中，培养跨文化意识，提高交际能力。

（十一）常见的英语网络教学模式

英语网络教学模式是在一定教学思想和教学理论指导下、依托计算机网络技术、为达成一定的英语教学目标而构建起来的、较为稳定的教学活动结构框架和教学方式。下面我们介绍一些常见的英语网络教学模式。

1. 网络自主学习模式

网络自主学习模式注重个性化教学和自主学习。学生是整个教学的中心，教师只是起到辅助教学的作用。网络自主学习模式主要分为网络自主接受模式和网络自主探究模式。

（1）网络自主接受模式

网络自主接受模式：学生＋学习资源＋学习指导者，其中学习资料是指通过网络传输的。由于自主接受模式主要针对的是学生语言知识和技能的训练，因此训练的内容主要以完形填空、单向选择、多项选择、判断、拖动配对等带有详细答案的形式为主，学生完成测试并提交答卷后，计算机通过已设定好的识别和反馈程序可自动进行批改，答卷中的错误会清晰显示并同时提供正确答案。

（2）网络自主探究模式

网络自主探究模式：学生＋任务＋参考资料＋教师。这一模式主要用于培养学生的语言应用能力，而不是词汇或语法等语言基础知识。教师会给学生布置语言任务。可以说，学生在模拟完成一个真实的语言任务的过程中，通过得到教师的不断指导，加之自身不断的改正与探索，最终达到熟练掌握语言技巧的目的。

2. 网络综合教学模式

在实际网络教学中，单一的教学模式往往不能满足不同教学目标的需要，通常需要将上述几种教学模式根据具体情况综合使用，这就是我们所说的综合教学模式。

3. 网络任务合作模式

网络任务合作模式：学习小组＋任务＋参考资料＋教师，这一模式主要是通过学生组建学习小组，利用网络资源，完成教师指定的一般较为复杂的语言任务，来提高学生的综合语言能力以及团队合作意识。这里的任务通常是与学生的社会生活或是工作有关的。在任务合作模式中，教师的作用比较重要，首先教师要按照学生的语言以及综合能力水平等对学生进行分组，并提供必要的资源索引，在学生完成任务过程中，教师要及时对其出现的问题予以指正，协调小组合作时可能出现的成员矛盾，整体上把控学生完成任务的进度，并在任务完成后组织评估工作。在整个过程中，学生应尽量使用目标语言完成，如使用目标语进行沟通，选用目标语的参考资料，用目标语言总结发言，最后提交的作品用目标语书写等。这种教学模式是通过构建一个虚拟的任务情境，让学生在完成任务的过程中得到语言综合应用能力的提高，同时也培养了学生的团队合作能力。

4. 网络集体传递模式

网络集体传递模式：学生＋学习资源＋教师，这种模式与传统的教学模式比较类似，传统的教学是在教室里进行的，这种教学模式是利用虚拟网络进行的。

八、现代英语网络教学实践

（一）网络英语阅读教学实践

从激活学生先前知识、阅读交互、阅读策略培养、阅读评价等几个方面展示了网络环境下英语阅读教学的设计。在将网络运用于教学时不仅关注课程内容，还充分体现了网络的优势，充分发挥了学生的主体作用，在使学生了解了互联网便利的同时，更好地学习了词汇，学习阅读理解的策略，这对提高学生的阅读理解能力十分有利。

（二）网络英语口语教学实践

网络英语口语学习环境提供了真实的语言环境和丰富的语言材料，通过利用网络的便捷功能来展开口语教学活动，无论是对学生的学习还是教师的教学而言都大有帮助。具体而言，网络提供的相关词汇、音频对话、网络资源和求知面试的视频片段以及一些诸如在线词典等辅助英语学习的工具，可供学生在该节口语课前进行预习、课后进行复习、练习和补充学习之用。教师可利用相关视频软件展开网络教学互动，进行文字聊天或视频语音交流等。总之，在网络环境下开展英语口语教学，对学生英语口语水平的提高极为有利。

参考文献

［1］陈海贝，魏晓斌，辛瑞青．专门用途英语教学理论与实践研究［M］．北京：中国书籍出版社，2015.

［2］窦坤，桑元峰．大学英语教学的实践哲学［M］．北京：光明日报出版社，2013.

［3］高明乐．英语教学理论与实践［M］．北京：北京语言大学出版社，2013.

［4］高铁刚，陈莹，减晶晶．信息技术环境下课堂教学模式的理论与方法［M］．北京：清华大学出版社，2011.

［5］郭剑晶．专门用途英语教学研究［M］．北京：知识产权出版社，2012.

［6］黄丽丽，陆晓蓉，杨昌君．现代英语教学理论与实践发展［M］．北京：中国时代经济出版社，2013.

［7］黄敏．新媒体环境下大学英语教学的发展研究［M］．长春：吉林大学出版社，2016.

［8］蒋景东．商务英语教学论［M］．杭州：浙江大学出版社，2011.

［9］康莉．跨文化视角下的大学英语教学：突破与困境［M］．北京：社会科学出版社，2014.

［10］李成洪．英语教学与跨文化传播［M］．沈阳：东北大学出版社，2013.

［11］栗香翠．跨文化交际视野下的英语教学改革探究［M］．长春：吉林大学出版社，2015.

［12］梁瑞芳．高校英语教育教学实践中的多模态教学模式创新实践［J］．赤峰学院学报（自然科学版），2014（08）：230－231.

［13］孙旭春．网络环境下大学英语听说教学研究：理论、模式与评价［M］．昆明：云南大学出版社，2015.

［14］王进军．综合英语教学原理［M］．广州：中山大学出版社，2011.

［15］王天舒．大学英语教学模式改革的问题与对策初探［M］．北京：民族出版社，2014.

［16］王晓玲，曹佳学．跨文化大学英语教学：理论与实践［M］．成都：西南交通大学出版社，2015.

［17］吴书芳．高校外语教学、教改与教研［M］．西安：西安地图出版社，2012.

［18］武琳．大学英语教学模式与课程建设研究［M］．长春：吉林大学出版社，2016.

［19］夏鹏锋．英语教学语言艺术［M］．长春：吉林大学出版社，2016.

［20］夏颖．跨文化视角下的大学英语教育探索［M］．哈尔滨：哈尔滨工程大学出版社，2014.

［21］徐淑娟．大学英语教学改革与任务型教学法［M］．北京：中国水利水电出版社，2014.

［22］杨棣华，吴小馨．英语教学理论与实践［M］．北京：中国人民大学出版社，2014.

［23］杨晓萍，陶岳炼．大学英语跨文化交际教程［M］．北京：高等教育出版社，2012.

［24］杨延君．大学英语课程建设理论与实践［M］．北京：国防工业出版社，2013.

［25］杨勇萍．跨文化交际与英语文化教学［M］．太原：山西人民出版社，2012.

［26］蔡基刚．应用语言学视角下的中国大学英语教学研究［M］．上海：复旦大学出版社，2012.

［27］张雁玲．高校在职研究生英语教师的学术能力发展——基于“外语教育理论与实践”课的研究［J］．外语界，2014（02）：83－89.